藏書

珍藏版

二十四史精编

赵文博 主编

肆

辽海出版社

目　录

陈　书

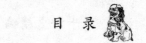

魏　书

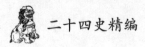

北齐书

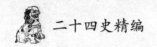

周　书

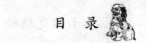

陈

书

《陈书》概论

《陈书》是二十五史中在唐初撰成的八部官修史书之一，记载了南北朝时期封建割据政权——陈朝（557~589）兴国、发展、覆亡的历史。

一

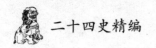

《陈书》成于姚思廉之手，实际上是姚察、姚思廉父子两代撰成。《陈书》的编撰，始于陈代，姚察即参与其事。姚察以史职参与，由于陈亡之故，《陈书》未成而辍。隋代，姚察又受命撰修梁、陈二史，未成而卒。唐兴，天下初定，令狐德棻倡议修前朝史，唐高祖遂于武德四年十一月诏修魏、周、隋、齐、梁、陈六朝史当时，受命撰修陈史的有窦进、欧阳询、姚思廉。由于种种原因，数年而不就。至贞观三年（629），唐太宗重诏修撰，姚思廉奉敕撰梁、陈二史。贞观九年，成《陈书》。

《陈书》虽成于姚氏父子，但前人之功不可没。刘师知《史通》云："陈史初有吴郡顾野王、北地付縡各为撰史学士，其武、文二帝纪即为顾、付所修。太建初（宣帝），中书郎陆琼续撰诸篇，事伤烦杂，姚察就加删改，粗有条贯，及江东不守，持以入关，隋文帝尝索梁、陈事迹，察具以所成，每编续奏，而依违荏苒，竟未绝笔。皇家贞观初，其子思廉为著作郎，奉诏撰成二史。于是凭藉旧稿，加以新录，弥历九载，方始毕功。"可见，《陈书》的修撰，除了姚氏父子付出了艰辛的劳动外，也有他人之功。

二

《陈书》共三十六卷，其中本纪六卷，分别记载高祖（陈霸先）、世祖（陈蒨）、废帝（陈伯宗）、宣帝（陈顼）、后主（陈叔宝）五皇史实；列传三十卷，大致按皇后、武将、文臣、宗室、儒林、文学、孝行、侍臣、逆臣之类，较为全面地反映了陈朝的历史。然而，历代史家对它的评价并不高，认为非但不能与前四史相提并论，而且在唐八史中也算不得上乘。主要因为《陈书》自身的缺点所致。

首先，作者的唯心主义史观。在撰述王朝的盛衰和帝王将相的得失成败时，以宿命论的观点，强调“天意”和“历数”，认为王朝的兴衰，“大人物”的成败，都是神意的体现或某种神秘力量的既定安排。在记人记事时，承袭前代的阴阳五行、图谶灾异的陈腐思想，对奇异传说、鬼怪奇闻、相面望气、因果报应，着力渲染。姚察是位佛教信徒，习佛法，读佛经，临终犹正坐诵佛。姚思廉虽不见有其父之佞佛行为，但对佛事也不加排斥。因此，在《陈书》中，对佛事的记载尤详。这虽然反映了当时的社会风尚，但姚氏的崇佛思想，使得他们对佛事的记载充满了感情色彩，并用佛教所宣扬的因果报应作为对历史人物的总结，则有失偏颇。

其次，体例有疵。《陈书》的体例，看似严谨，细加分析，其中欠妥之处仍不乏时见。在人物立传方面，凡陈氏子孙，不分贤愚，人人立传，使《陈书》成了变相的陈氏族谱。在人物的归类方面，颇有不当之处。

再次，多溢美、隐恶、讳过之笔。姚氏出身庶族，对此他特别忌讳。其父历仕梁、陈、隋三朝，功名显赫，隋代封为北绛郡公。在《姚察传》中，姚思廉洋洋洒洒用了三千余字来记述，详叙朝廷之优礼、名流之褒奖及察之逊谢等词，事极琐屑，极尽文饰之能事。而对其祖父的记述则简而又简，含糊地说："父上开府僧坦，知名梁武代，二宫礼遇优厚。"详略之间，出入极大。之所以如此，缘于其祖父只是梁时太医正，仅因医术精明而受梁武帝看重。在儒家思想占统治地位的封建时代，技艺为士林所不齿。姚思廉以士林标榜，而轻视祖父之业。

隐恶讳过之处，多处可见。如，《世祖本纪》及《衡阳王昌传》对世祖夺嫡、谋杀高祖子衡阳王陈昌一事的记载都极为简单，并隐瞒真象，说是侯安都请缨前去迎接衡阳王，衡阳王溺水而死。又如陈高祖篡梁一事，《南史》载为："刘师知为陈武害梁敬帝入宫，诱帝出，帝觉之，绕床而走曰：'师知卖我，陈霸先反，我本不须作天子，何意见杀。'师知执帝衣，行事者加刃焉。"而从《陈书·高祖本纪》中绝对看不出逼夺之迹，刘师知本传中也找不出一字涉及此事。如此隐恶讳过，有违事实，《陈书》得不到史家赞誉，自然是在情理之中。

尽管《陈书》的不当之处不少，但它仍在二十五史之列，足可说明《陈书》是瑕不掩玉，至少是瑕玉互见的。《陈书》的价值之一在于，它成于姚氏父子之手，姚氏父子曾仕于陈，对陈朝之事亲身经历，虽成于唐，但可以说是当世人写当世事，是现存比较好的原始记载。其二，纪传中大段甚至全文保留诏令、奏疏，保留了陈代的不少作品，对于窥视陈代文风及典章制度，有较大参考价值。其三，《陈书》以及《梁书》的行文风格，是对六朝文风的变革。散文或古文的倡导与重振，以唐中叶和北宋时期为主，姚氏父子在陈末唐初已开其先河，在古代文学史上的地位不可忽视。

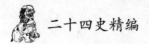

政 略

迁都之议①

时朝议迁都，朝士家在荆州者，皆不欲迁，惟弘正②与仆射王裒③言于元帝曰："若束修④以上诸士大夫微见古今者，知帝王所都本无定处，无所与疑。至如黔首万姓，若未见舆驾入建业，谓是列国诸王，未名天子。今宜赴百姓之心，从四海之望。"时荆、陕人士咸云王、周皆是东人，志愿东下，恐非良计。弘正面折之曰："若东人劝东，谓为非计，君等西人欲西，岂成良策？"元帝乃大笑之，竟不还都。

（《陈书·周弘正传》）

【注释】

①侯景攻陷梁都城建康后，湘东王、荆州刺史萧绎派王僧辩与陈霸先一道平定侯景，在江陵即位称帝。围绕定都江陵还

是迁都建康的问题，大臣之间产生了争议。②弘正：周弘正，汝南安城（在今河南东部）人。③王裒：琅邪临沂（今山东临沂）人。④束修：本指学生送给老师的礼物。古代人十五岁入学，必用束修，因以束修指代受过低级教育的读书人。

【译文】

当时，梁元帝上朝议论迁都问题，那些家在荆州的大臣们不愿迁都，只有周弘正和尚书仆射王裒对元帝说："对于那些只要受过教育的、稍微懂得古今历史的士大夫们来说，他们知道帝王定都的地方原本不是固定不变的，这个道理是没有疑问的。至于对平民百姓来说，假如他们看不到您皇上的车马进入都城建业（今南京市），他们就会把您视为列国诸王之一，而不把您看作天子。现在，皇上应该顺应民心，遵从天下百姓的愿望。"当时，荆、陕大臣都说王裒、周弘正是东部人，因而愿意迁都东面的建康，这恐怕不是良策。周弘正当面驳斥他们说："如果说东部人劝说皇上迁都东面，因而不是良策，那么，您们西部人想定都西面，难道就是良策吗？"梁元帝听说大笑，但最终没有迁都建康。

不辱使命

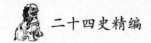

太清二年，（徐陵）兼通直散骑常侍。使魏，魏人

授馆宴宾。是日甚热，其主客魏收[1]嘲陵曰："今日之热，当由徐常侍[2]来。"陵即答曰："昔王肃[3]至此，为魏始置礼仪；今我来聘，使清复知寒署。"收大惭。

（《陈书·徐陵传》）

【注释】

①魏收（506—572）：北朝北齐史学家，撰有《魏书》。②徐常侍：指徐陵，南朝陈文学家，今山东郯城人，陈时官至尚书左仆射，中书监。③王肃：北魏大臣，原仕东晋，归北魏后，深受魏高祖礼遇，负责制订礼仪。

【译文】

太清二年（548），徐陵兼任通直散骑常侍。他出使东魏，东魏替他安排馆舍，设宴招待。这一天，天气非常炎热，宴会主持人魏收嘲笑徐陵说："今日天气炎热，该是由您徐常侍带来的。"徐陵立即回答说："先前王肃到北魏后，替北魏最早制订了礼仪；现在，我来访问您们东魏，使您又知道了寒署冷热。"魏收听后，感到很惭愧。

侯安都居功自傲

部下将帅多不遵法度，检问收摄，则奔归安都[1]。

世祖性严察，深衔之。安都弗之改，日益骄横。每有表启，封讫，有事未尽，乃开封自书之，云又启某事。及侍宴酒酣，或箕踞[②]倾倚。尝陪乐游禊[③]饮，乃白帝曰："何如作临川王时？"帝不应。安都再三言之，帝曰："此虽天命，抑亦明公之力。"宴讫，又启便借供帐水饰[④]，将载妻妾于御堂欢会，世祖虽许其请，甚不怿。明日，安都坐于御坐，宾客居群臣位，称觞上寿。初，重云殿灾，安都率将士带甲入殿，帝甚恶之，自是阴为之备。

（《陈书·侯安都传》）

【注释】

①安都：指侯安都，南朝陈始兴曲江（今广东韶关）人，建国元勋，官至司空、侍中，食邑五千户，后被文帝赐死。②箕踞：坐时随意伸开两腿，象个簸箕，是种不合礼节的坐法。③禊（xì）：祓祭，古人消除不祥的一种祭祀，常在春秋两季于水滨举行。④供帐：供设帷帐。水饰：供游玩用的船只上的装饰，代指船只。

【译文】

侯安都的部下将帅大多不遵守法规，在外胡作非为，有关人员要检查、盘问、收捕他们，他们就逃回侯安都处。世祖陈茜性严厉，对侯安都很是不满。侯安都不但不改正，反而日益骄横无礼。呈交皇上的文书封好之后，一旦想起还有什么没有说完的事情，就拆开文书，另行添加所谓还需陈述给皇上的事情。在宫庭宴会上酒兴正浓的时候，他就忘乎所以，甚至随意伸开两腿，象个簸箕，歪歪斜斜地靠在椅子上。有一次，举行祓祭，侯安都陪从陈文帝饮酒，大家玩得很痛快，侯安都问陈文帝："您现在作皇帝，与你作临川王时相比，怎么样?"陈文帝没有回答。侯安都执意要他回答，文帝就说："我能当皇帝，虽然是天命的安排，您也出力不少。"宴会之后，他又请求文帝立即借给他船只，他要把妻妾家人们接来宫庭欢聚，文帝虽然同意了他的请求，但很不高兴。第二天，侯安都坐在皇帝宝座上，宾客们坐在臣子的座位上，斟酒为他祝寿。当初，重云殿发生火灾，侯安都率领将士，带着武器上殿，文帝就很憎恨他。这次以后，陈文帝就暗中对他防备起来。

法　制

姚察拒馈赠

察[①]自居显要，甚励清洁[②]，且廪锡[③]之外，一不交通[④]。尝有私门生[⑤]不敢厚饷[⑥]，止送南布一端[⑦]，花练[⑧]一匹[⑨]。察谓之曰："吾所衣著[⑩]，止是麻布蒲练[⑪]，此物于我无用。既欲相款接[⑫]，幸不烦尔。"此人逊请，犹冀受纳，察厉色驱出，因此伏事[⑬]莫敢馈遗[⑭]。

（《陈书·姚察传》）

【注释】

①察：姚察，在南朝陈任吏部尚书，入隋撰梁、陈二史未成而逝，其子姚思廉成功其事。②清洁：清正廉洁。③廪（lín）锡：廪，官府供给的粮食。锡，赐给。④交通：交往，在交往中受礼。⑤私门生：南朝时期对贵族，官僚等的依附者。⑥饷：赠送。⑦止送南布一端：止，通"只"。南布，当指木棉布。

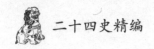

端，古以六丈为一端。⑧花練：粗丝织的花布。⑨匹：古以四丈为一匹。⑩衣著：著（zhuó），同“着”。⑪麻布蒲練：粗陋之衣。⑫欵接：欵，通“款”，欵接意为交好。⑬伏事：服侍。⑭馈遗（wèi）：赠送。

【译文】

姚察身居要职以后，非常注意保持清廉，除了自公家所得的粮米和赏赐，不收受任何人的礼品。他曾经的一个门生，还不敢送太重的礼，只送了南布一端，花布一匹。姚察对他说：“我所穿的衣服，只不过是麻布蒲練这样的粗品，这些东西对我来说是用处不大。既然想和我交好，也用不着费心。”这人仍然请求，希望他能接受，姚察生起气来，板着面孔把他赶了出去，因此想巴结他的人都不敢赠送东西给他。

铁面无私

六年，（徐陵）除散骑常侍、御史中丞。时安成王顼为司空，以帝弟之尊，势倾朝野。直兵鲍僧睿假王威权，抑塞辞讼，大臣其敢言者。陵闻之，乃为奏弹，导从南台[①]官属，引奏案而入。世祖见陵服章严肃，若不可犯，为敛容正坐。陵进读奏版时，安成王殿上侍立，仰视世祖，流汗失色。陵遣殿中御史[2]引王下殿，遂劾免侍中、中书监。自此朝廷肃然。

（《陈书·徐陵传》）

【注释】

①南台：中央监察机构御史台称此。②殿中御史：御史台官职。

【译文】

天嘉六年（公元505年），徐陵被任命为散骑常侍、御史中丞。当时，陈世祖的弟弟安成王陈顼（即陈宣帝）为司空，他身份尊贵，势倾朝野。直兵（官名）鲍僧睿依仗安成王的权势，阻塞诉讼，大臣们没有敢对他提意见的。徐陵听说鲍僧睿的事情，就上奏弹劾，他率领御史台的官员，捧着奏文去朝见陈世祖，世祖见徐陵服饰、态度非常严肃，貌不可犯，就收敛笑容，正襟危坐。徐陵上前宣读奏文时，安成王也在殿上侍立，抬头望着世祖，吓得流汗变色。徐陵叫殿中御史带安成王下殿去，终于罢免了他的侍中、中书监的职位。从此，朝廷风纪肃然。

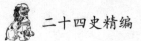

军 事

将军章昭达

昭达[1]性严刻，每奉命出征，必昼夜倍道；然有所克捷，必推功将帅，厨膳饮食，并同于群下，将士亦以此附之。每饮会，必盛设女伎杂乐[2]，备尽羌胡之声[3]，音律姿容，并一时之妙，虽临对敌寇，旗鼓相望，弗之废也。

（《陈书·章昭达传》）

【注释】

①昭达：章昭达，南朝陈将领。②女伎杂乐：女伎：指善于歌舞的女子。杂乐，种类很多，除歌舞外，很可能还有一些军事体育活动。③羌胡之声：羌，我国古代西方少数民族。胡，古代对西、北方少数民族的通称。“羌胡之声”，慷慨激越，有利于鼓舞斗志。

【译文】

章昭达严厉刻急，每当出征，必定昼夜兼程，但打了胜仗，必定归功于（他手下的）将帅，他在饮食方面，也和部下一样，将士因此乐于追随他。每有饮宴之会，一定要盛设女伎和杂乐，表演羌胡之声，淋漓尽致，而那些女艺人的艺技和姿容也极绝佳，即使是面对敌寇，看得见敌军的旗帜，听得到敌人的鼓声，他还是照常不误。

虎将程文季

文季①临事谨急，御下严整，前后所克城垒，率皆迮②水为堰，土木之工，动逾数万。每置阵役人，文季必先诸将，夜则早起，迄暮不休，军中莫不服其勤干。每战恒为前锋，齐③军深惮之，谓为“程兽”④。

（《陈书·程文季传》）

【注释】

①文季：程文季，南朝陈将领。②迮（zuò）：狭窄，使变狭。此言堵截。③齐：此指北齐，曾一度与陈对峙。④程兽：应为“程虎”，《陈书》作者姚思廉出于避讳的考虑，改为“程

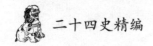

兽”，《南史》则作“程彪”。

【译文】

程文季遇事严谨性急，督责部下十分严格，先后攻克的城垒，都截水为堰，土木用工，动不动就超过数万。每有战事，他早早起床，到天黑也还不休息，比将领们都要忙碌，全军上下都叹服他的勤奋干练。每次打仗，他常常当前锋，北齐人很怕他，把他称为“程兽”。

仁者必有勇

及侯景寇郢州，申①随都督王僧辩据巴陵，每进筹策，皆见行用。僧辩叹曰：“此生要鞬汗马②，或非所长，若使抚众守城，必有奇绩。”僧辩之讨陆纳也，申在军中，于时贼众奄至，左右披靡，申躬蔽僧辩，蒙楯③而前，会裴之横救至，贼乃退，僧辩顾申而笑曰：“仁者必有勇，岂虚言哉！”除散骑侍郎。

（《陈书·司马申传》）

【注释】

①申：指司马申，南朝陈河内温（今河南温县）人，官至

右卫将军。②要鞬（jiān）汗马：比喻带兵打仗。鞬：系在马背上用来装箭的筒。要：约束。③楯:通“盾”，盾牌。

【译文】

等到侯景进犯郢州（治所在今武昌）时，司马申随从都督王僧辩据守在巴陵（今湖南岳阳），每次向王僧辩提出计谋，都被采纳并发挥了作用。王僧辩感叹说：“如果要这个后生带兵打仗，或许不是他所擅长的；如果让他安抚民众，守卫城池，肯定会有奇绩。”后来，王僧辩讨伐农民起义首领陆纳的时候，司马申也在军队中，有一次，陆纳兵汹涌而来，王僧辩身边的人一个个地倒下，这时，司马申用身体掩护着王僧辩，用盾牌遮挡着身体向前冲，恰好裴之横救兵来到，陆纳兵因而退却，王僧辩回头看了看司马申，笑着说：“有仁义的人必定有勇气，此话不假呀！”司马申被提拔为散骑侍郎。

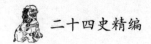

理　财

吴明彻救济乡亲

起家梁东宫直后[1]。及侯景寇京师，天下大乱，明彻[2]有粟麦三千余斛，而邻里饥馁，乃白诸兄曰：“当今草窃，人不图久，奈何有此而不与乡党共之?”于是计口平分，同其丰俭，群盗闻而避焉，赖以存者甚众。

（《陈书·吴明彻传》）

【注释】

①东宫直后：太子属官。②明彻：指吴明彻，南朝陈秦郡（属今甘肃）人，陈朝开国功臣。官至领军将军、侍中。

【译文】

吴明彻在梁朝开始做官东宫直后。侯景进寇都城建康（今南京市），天下大乱，出现大饥荒，吴明彻家有粟麦三千多斛

（一斛为一石），他看到邻里乡亲挨饿，就与哥哥们商量说："当今世道战乱，盗贼横行，度日艰难，朝不保夕，我们家有这么多粮食，为什么不与乡亲们共享呢?"于是，按人口计算，把粮食分给乡亲们，与乡亲们同甘共苦。附近盗贼听说此事，都逃避了。这样，许多乡亲得以生存下去。

守财奴

众性希啬[①]，内治家业，财帛以亿计，无所分遗。其自奉养甚薄，每于朝会之中，衣裳破裂，或躬提冠屦。永定二年，兼起部尚书[②]，监起太极殿。恒服布袍芒屩，以麻绳为带，又携干鱼蔬菜饭独啖之，朝士共诮其所为。众性狷急[③]，于是忿恨，遂历诋公卿，非毁朝廷。高祖大怒，以众素有令望，不欲显诛之，后因其休假还武康，遂于吴中赐死，时年五十六。

（《陈书·沈众传》）

【注释】

①众性希啬：众：指沈众，南朝陈吴兴武康（今浙江德清县武康镇）人，梁尚书令沈约的孙子，官至中书令。希：同"吝"。②起部尚书：官名，主管营造宗庙，宫室。③狷急：性

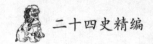

急不能受委屈。

【译文】

沈众生性吝啬，经营家业，财帛多达以亿计，但丝毫不分送给别人。他自己生活也非常俭朴，每次朝会中，穿着破烂衣裳，又亲自携带自己的帽子和鞋子。永定二年（558 年）兼任起部尚书，负责监造太极殿。他总是穿着布袍、草鞋，以麻绳作腰带，又自带干鱼蔬菜饭，一个人吃，朝廷官员都讥笑他的行为。沈众生性脾气急躁，受不了委屈，由此心怀怨恨，于是诬谄公卿，诽谤朝廷。陈高祖大怒，只是考虑到沈众在家世、为政方面还素有声望，因而不想明目张胆地杀他，后来，趁他休假还乡武康途中，把他赐死在苏州城，当年五十六岁。

德 操

富妻不嫌穷夫

梁末，侯景寇乱，京邑大饥，饿死者十八九。孝克[1]养母，粥粥不能给。妻东莞臧氏，领军将军臧盾之女也，甚有容色，孝克乃谓之曰：“今饥荒如此，供养交阙，欲嫁卿与富人，望彼此俱济，于卿意如何?”臧氏弗之许也。时有孔景行者，为侯景将，富于财，孝克密因媒者陈意，景行多从左右，逼而迎之，臧涕泣而去，所得谷帛，悉以供养。孝克又剃发为沙门，改名法整，兼乞食以充给焉。臧氏亦深念旧恩，数私致馈饷，故不乏绝。后景行战死，臧伺孝克于途中，累日乃见，谓孝克曰：“往日之事，非为相负，今既得脱，当归供养。”孝克默然无答。于是归俗，更为夫妻。

（《陈书·徐陵传附弟孝克传》）

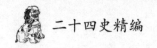

【注释】

①孝克：指徐孝克，很有孝行。

【译文】

梁朝末年，侯景作乱，都城建康一带大饥，饿死者达十分之八九。徐孝克奉养母亲，穷得连粥都喝不上。他的妻子臧氏是领军将军臧盾的女儿，长得很美，徐孝克就对她说："现在如此饥荒，大家生活都很困难，无法奉养母亲，我想把你出嫁给富人，这样，我们大家都可指望生存下去，你觉得怎样?"臧氏不同意。当时有个侯景的战将孔景行，他很富足，徐孝克就暗中叫个媒人给他说亲，孔景行随从大伙来到徐孝克家，强行迎娶臧氏，臧氏哭哭啼啼地去了。徐孝克从中得到的聘礼，都用来供养母亲。他自己削发当和尚，取名法整，同时，又乞讨食物来补充供给。臧氏也深念旧恩，经常私下里送来钱粮衣物，所以，徐孝克和母亲也还能够勉强度日。后来，孔景行战死，藏氏在路上等候孝克，几天后，终于相见，藏氏对孝克说："过去的事情实是万不得已，并不是哪个忘恩负义，现在既然事情已经过去，我们应当一起回家供养母亲。"徐孝克沉默不语，于是还俗，两人重新结为夫妻。

侠御将军

翙字子羽，少有志操。……永定元年，授贞毅将军、步兵校尉。迁骁骑将军，领朱衣直阁①。骁骑之职，旧领营兵，兼统宿卫。自梁代以来，其任愈重，出则羽仪②清道，入则与二卫通直，临轩则升殿侠侍。翙素有名望，每大事恒令侠侍左右，时人荣之，号曰“侠御将军”。

（《陈书·韦载传附族弟翙传》）

【注释】

①直阁：在台阁中当值②羽仪：仪仗中用鸟羽装饰的旌旗等。

【译文】

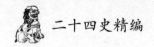

韦翙（huì）字子羽，从小就有志操。……永定元年（557），陈高祖授予他贞毅将军、步兵校尉。后调任为骁骑将军，身着红色制服，侍卫台阁。骁骑将军的职责，以前统率骑兵营兵马，兼管夜晚警卫工作。从梁代以来，它的责任越来越重，皇帝外出时则簇拥着彩旗飘扬的仪仗队，负责警戒，入则与殿中二卫一道担任警卫，皇上临朝时则披甲执仗侍卫在旁。韦翙向来声望好，每每有什么大事，陈高祖总让他在身旁侍卫，当时的人以此为荣，称他叫“侠御将军”。

避利免祸

侯景攻陷台城，百僚奔散，允①独整衣冠坐于宫坊，景军人敬而弗之逼也。寻出居京口。时寇贼纵横，百姓波骇，衣冠士族，四出奔散，允独不行。人问其故，允答曰：“夫性命之道，自有常分，岂可逃而获免乎？但患难之生，皆生于利，苟不求利，祸从何生？方今百姓争欲奋臂而论大功，一言而取卿相，亦何事于一书生哉？庄周所谓畏影避迹②，吾弗为也。”乃闭门静处，并日而食，卒免于患。

（《陈书·萧允传》）

【注释】

①允：指萧允，南朝陈兰陵（今江苏常州）人，为人淡于名利，历官黄门侍郎、光禄大夫。②畏影避迹：出自《庄子·渔父》。本意是害怕自己的影子，逃避自己的脚迹，比喻不必要的顾忌。

【译文】

侯景攻陷梁宫城，百官逃散，只有萧允一个人衣帽整齐地静坐在太子官署，侯景军人深感敬畏，也不逼迫他。不久，他出居京口（今江苏镇江）。当时，侯景之兵到处烧杀抢掠，平民百姓惊慌四出逃命，官绅士族也逃散各方，只有萧允不去逃命。有人问他为什么，他回答说："大概性命之道，自有它的本分，人难道可以逃脱命运的安排吗？大凡患难的产生，都是由于利益所致，如果不贪求利益，怎么会招致灾祸呢？当今天下大乱，人们竟相奋力求取功劳，希冀指日获得高官厚禄，这些同我一介书生有什么关系呢？庄子所谓畏影避迹，我是不会干这样没有必要的事情的。"于是，闭门静处，两日一餐，终于免遭祸患。

岁寒知松柏之后凋

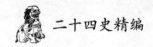

祯明三年，隋军来伐，隋将贺若弼进烧宫城北掖门，宫卫皆散走，朝士稍各引去，惟宪①卫侍左右。后主谓宪曰："我从来侍卿不先余人，今日见卿，可谓岁寒知松柏后凋也。"后主遑遽将避匿，宪正色曰："北兵之入，必无所犯，大事如此，陛下安之。臣愿陛下端正衣冠，御前殿，依梁武见侯景故事。”后主不从，因下榻驰去，宪从后堂景阳殿入，后主投下井中，宪哭拜而出。

（《陈书·袁宪传》）

【注释】

①宪：指袁宪，南朝陈陈郡阳夏（今河南太康）人，官至侍中。尚书仆射。

【译文】

祯明三年（589），隋军南伐陈，隋将贺若弼进攻、焚烧陈宫城北掖门，宫中侍卫人员都逃散了，朝中官员也都陆续逃走，只有袁宪一人侍卫在陈后主身边。后主对袁宪说：“我待您从来不比待其他人好，但从今日之事来看，可以说是岁寒而知松柏之后凋啊。”陈后主吓得慌慌张张地要逃避、藏匿起来，袁宪脸色严肃地说：“北兵攻进来后，肯定不会冒犯皇上的，大事既然如此，陛下就不必惊慌了。希望陛下正衣帽，坐在前殿，依照梁武帝接见侯景的惯例接纳贺若弼。”后主不听，就下床跑着离开，袁宪从后堂景阳殿进去，只见陈后主投入井中，袁宪哭着叩拜后主后，就出去了。

传世故事

鲁悉达终附陈高祖

王琳企图东下，由于鲁悉达控制着长江中游，王琳担心他会是自己的隐患，就频频派使者来招诱鲁悉达，鲁悉达始终不从，王琳不能东下，就联络北齐，互为表里，北齐派清河王高岳援助王琳。双方相持了一年多，碰巧鲁悉达副将梅天养等人由于犯错恐惧，就引导北齐军攻入城中。鲁悉达统率所属几千兵马，渡过长江，归附陈高祖。陈高祖见他终于来了，很高兴，说："为何迟至今日才来?"鲁悉达回答说："臣镇守陛下上流，愿为陛下屏障，陛下授臣官职，恩德无量，沈泰袭臣，对臣威胁也大啊，然而，臣之所以主动来归附陛下，是因为陛下豁达大度，如同汉高祖。"陈高祖感叹说："爱卿说得对啊。"授予鲁悉达平南将军、散骑常侍、北江州刺史，封为彭泽县侯。

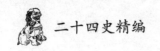

郑灼以瓜镇心读书

郑灼读书专心勤奋，特别精通《礼记》、《仪礼》、《周礼》。年青时，曾梦见与皇侃相遇途中，皇侃对他说：“郑郎开口”，皇侃吐痰郑灼口中，从此，郑灼对于经典义理更有长进。郑灼家贫，无钱买书，就夜已继日地抄书，笔毫抄掉了，又把笔毛削尖，继续使用。郑灼常常粗茶淡饭，很缺乏营养，讲授经书时经常感到心头发烧，如果是瓜果上市的季节，他就仰面躺下，用瓜果放在心口上，凉凉心，起来接着诵读，郑灼就是如此专心致志地读书的。

人物春秋

坎坷一生——陈后主叔宝

后主名叔宝，字元秀，乳名黄奴，高宗嫡长子。梁承圣二年（553）十一月二十日生于江陵。次年，江陵陷落，高宗随迁关右，留后主于穰城。天嘉三年（562）回京师，立陈叔宝为安成王世子。天康元年（566）任命为宁远将军，设置佐史。光大二年（568）为太子中庶子，不久迁官侍中，仍兼旧职。太建元年（569）正月初四立为皇太子。

太建十四年（582）正月初十，高宗驾崩。十一日，始兴王陈叔陵作乱被杀。十三日，太子即皇帝位。至德四年夏五月初七，立皇子陈庄为会稽王。秋九月十七日，皇帝驾临玄武湖，大陈船舰阅兵，宴饮群臣赋诗。

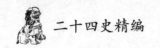

祯明二年（588）十一月，隋派遣晋王杨广率众军攻伐，自巴、蜀、沔、汉顺流至广陵，数十路并进，沿江镇守官，相继奏闻。这时新授湘州刺史施文庆、中书舍人沈客卿执掌机密

大事，压下奏折不报，所以没有准备和防御。

三年（589）春正月初一朔，隋总管贺若弼从北路广陵渡京口，总管韩擒虎直趋横江，渡采石，从南路将与贺若弼军会合。初二，采石守将徐子建飞书告变。初三，皇上召公卿入议军事。初四，城内外戒严，以骠骑将军萧摩诃、护军将军樊毅、中领军鲁广达同为都督，遣南豫州刺史樊猛率水师出白下，散骑常侍皋文奏统兵镇守南豫州。初六，贺若弼攻陷南徐州。初七，韩擒虎又攻陷南豫州，皋文奏败归。至此隋军南北路并进。后主遣骠骑大将军、司徒豫章王陈叔英屯驻朝堂，萧摩诃驻守乐游苑，樊毅守耆阇寺，鲁广达驻守白土冈，忠武将军孔范驻守定畤。镇东大将军任忠从吴兴赶来，仍驻朱雀门。十七日，若弼进据钟山，屯兵白土冈东南。二十日，后主遣众军合力与贺军作战，众军战败。贺若弼乘胜至乐游苑，鲁广达犹自率散兵力战，不能抵挡。弼军进攻宫城，烧北掖门。此时韩擒虎率众自新林至于石子冈，任忠出降于韩，又引韩擒虎经朱雀航直趋宫城，从南掖门入。于是城内文武百官均出逃，只有尚书仆射袁宪在殿内。尚书令江总、吏部尚书姚察、度支尚书袁权、前度支尚书王瑗、侍中王宽居于省中。后主闻敌兵至，跟着十余宫人出后堂景阳殿，将自投于井，袁宪在旁，苦谏不从，后阁舍人夏侯公韵又以身遮井，后主与他争持很久，方才得入。到夜里，为隋军所擒。二十二日，晋王杨广进据京城。

三月初六，后主与王公百官从建邺出发，进入长安。隋仁寿四年（604）十一月二十日，逝世于洛阳，时年五十二岁。

才华横溢受君宠——张丽华

后主张贵妃名丽华，是研究军事的学者家的女儿。她的家里很穷，父兄靠编织草席为生。后主当太子时，被选中入宫，那时龚贵嫔任良娣（太子之妾），贵妃当时十岁，被龚贵嫔使唤，后主看见她很喜欢，于是她得到宠幸，后，生下了太子深。后主即位，拜张丽华为贵妃。张贵妃性情聪明灵慧，很受后主宠爱。每逢后主带贵妃和宾客游玩饮宴，贵妃便推荐诸位宫女同去，后宫中的人都感激她，争着说贵妃的好话，于是她集后宫宠爱于一身。贵妃又喜好厌魅巫术，假借鬼神邪说来迷惑后主，在宫内设置不合礼制的祭祀，命众多妖邪巫师命他们奏乐跳巫舞，同时打探宫外之事，社会上的一句话一件事，张贵妃必然会先知道，并以此告诉后主，于是后主愈加敬重贵妃，贵妃的内外宗族中人多被重用。等到隋军攻陷台城，张贵妃和后主一起躲入井中，被隋军抓获，晋王杨广命令将贵妃斩首，并在青溪中桥张贴布告公诸于众。

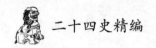

史臣侍中郑国公魏徵考察通览史籍，参照补充元老旧臣的回忆，说后主初即位之时，遇到始兴王陈叔陵之乱，受伤在承

香阁卧床休养，当时诸嫔妃均不准入内，只有张贵妃侍奉后主。当时柳太后还住在柏梁殿，也就是皇后的正殿。后主沈皇后始终不受宠爱，无权侍奉后主养病，另外住在求贤殿。至德二年，即在光照殿前建临春、结绮、望仙三阁，阁高达数丈，共有数十间，其窗户、壁带、悬楣、栏槛等均用檀香木制作，又用金玉装饰，其间嵌以珍珠翡翠，外面装有珠帘，里面有宝床、宝帐，其中服用和玩赏的物品一类，瑰奇珍丽，是古今所没有的。每逢微风，香气可传数里之外，清晨旭日初照，光芒映至后庭。楼阁下堆积奇石为山，引水作池塘，培植珍奇树木，杂种鲜花药草。后主自己住在临香阁，张贵妃住结绮阁，龚、孔两位贵嫔住居望仙阁，各阁间设并行的走廊，可以往来行走。还有王、李两位美人，张、薛两位淑媛，袁昭仪、何婕妤、江修容等七人，均受宠爱，交替到阁上游玩。又任宫女中通识文学的袁大舍等人为女学士。后主每逢召请宾客和贵妃等人游玩饮宴，便命诸位贵人以及女学士和游玩的客人共同吟赋新诗，互相赠给应答，选取最艳丽者作为歌词，配上新曲，从宫女中选长得漂亮的达千百人，命其学习而歌唱，分部依次进入，以此相乐。其中的曲子有《玉树后庭花》、《临春乐》等，乐曲内容大意，全是赞美张贵妃、孔贵嫔娇容美色的。其大略说："璧月夜夜满，琼树朝朝新。"而张贵妃的头发有七尺长，秀发如漆，光洁照人。她特别聪明灵慧，富有神采，行动坐卧悠闲自然，容貌端庄艳丽。每逢顾盼斜视，眼里流露出光采，照映周围的人。她常在阁上梳妆，靠近轩阁栏干，宫中的人远远望去，飘逸如神仙一般。她富有才华，能言善辩，记忆力强，善于观察皇帝的脸色。当时，后主疏于政事，各司上奏，全由宦官蔡脱儿、李善度入内请示，后主把张贵妃放在膝上共同决策。李、蔡两人记不住的事，贵妃均为其逐条讲述，没有遗漏的。于是后主更加宠爱敬佩贵妃，在后宫堪称第一。后宫嫔妃的家里，不遵守法度，有做了没理的事的，只要向贵妃求情，贵妃便命李、蔡二人先启奏他们的事，然后从容地为他们讲情。大臣中有不服从她的，也由此诋毁他，贵妃所说后主没有不听从的。于是张、孔二人的势力，在四方气焰逼人，大臣们执政，也随风而倒。宦官邪佞之人，内外勾结，辗转相互提携引进，贿赂官员，赏罚不合规矩，朝廷法度黑暗混乱了。

魏

书

《魏书》概论

《魏书》是我国封建社会“历史”中第一部记述少数民族政权史事的著作，原编排本纪十二卷、传九十二卷、志十卷，合为一百一十四卷。但因其有一卷再分为几卷的，故隋唐史志均作为一百三十卷，现也一般通行一百三十卷之说。《魏书》作者魏收，记述了道武帝拓拔珪于公元386年建立魏国开始，到东魏孝静帝元善见于公元550年灭亡止，共一百六十五年的历史。

一

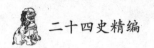

魏收（506～572），字伯起，小字佛助，下曲阳（今河北晋县西）人。自称是西汉初高良侯魏无知的后

人。他自幼机警，勤奋苦读，学问与日俱增。二十五岁，魏收升任散骑侍郎，掌起居注兼修国史，不久兼中书侍郎，和温子升、邢邵齐名，被誉为北朝三才。

北魏末年，社会混乱，政治腐败，统治阶级内部矛盾错综复杂。魏收浮沉于宦海，经历了多次挫折。北魏分裂后，高欢把持东魏朝政，魏收被召赴晋阳（今山西太原），任中外府主薄，后来转为高欢丞相府属。这时尽管有位司马子如向高欢推荐魏收，说他是“一国大才”，然而由于魏收曾为北魏孝武帝所信任，又得罪过高欢的亲信，因而不被重用。魏收感到单凭文才已难以通达，便转而请求修史。经过崔暹的推荐，高欢的长子高澄“乃启收兼散侍常侍，修国史”。

公元550年4月，高欢次子高萍以齐代魏，建元天保。由于魏收直接参预了这次政变，凡“神代诏册诸文”，都由魏收一手策划，因此在事变当年，他就被高萍授予中书令兼著作郎的职务。公元551年，文宣帝高萍诏命魏收撰写魏史，这样才把魏史的撰写工作真正提到了日程上。高萍还鼓励魏收大胆直书许诺不诛史官，不废史官。这样，魏收在四十五岁时开始撰写《魏书》，用近四年时间终于写出了反映北魏一百六十多年的历史。历来史学家也不把《魏书》作为官修史书，而是当作魏收个人著作。

魏收修定《魏书》后更加被重用。和他齐名的温子升、邢邵被皇帝疏远和处死后，北齐遇有大事和发诏命，以及军国文辞，都由魏收一人执笔。他升任尚书右仆射，并在玄州苑阁上画了魏收像，极受朝野尊崇。公元572年，魏收死去。魏收一生历经北魏、东魏、北齐三个皇朝，历事魏孝明帝到北齐后主九个君主，到北齐后主时，“掌诏诰，除尚书右仆射，总议监五礼事，位特进”。宦途达到了顶点。

魏收正式开始编修《魏书》在天保二年，到天保五年完工奏上，前后经过不到四年时间。如从天保四年魏收专在阁修史算起，则仅有一年时间。因为魏收利用了当时许多关于北魏的史料，所以能迅速完成一部多达一百三十卷的史书。

在二十五史中，《魏书》有一个很特殊的情况，就是完成全书后，又被迫作过多次修改，后来还有多人重撰魏史。

《魏书》一出，在统治集团内部就引起了轩然大波，众口沸腾，称其为“秽史”，致使其书一直未能面世。为什么会出现这种情况呢？

魏收在北齐很得高氏父子的宠爱，从公元544年以后，国家大事、军国文辞，都是魏收所作。可是《魏书》成书后，竟由北齐皇帝一再下诏命令其修改，可见当时围绕《魏书》的斗争是十分剧烈的。

从现存资料看，《魏书》一再修改，与编纂体例、篇目结构、史学思想等史书最根本的内容无关，而都是围绕着是否为某人立传及怎样记述进行的。那些指责《魏书》不实，要求更改的人也都是为了满足私人的要求。如卢斐上诉说："臣父仕魏，位至仪同，功业显著，名闻天下，与收无亲，遂不立传。博陵崔绰，位至本郡功曹，更无事迹，是收外亲，乃为佳传"（《北史·魏收传》）。但查考史实，卢斐之父卢同党附元叉，多所诛戮，并非"功业显著，名闻天下"。而崔绰虽然官小职卑，却是"贤俊之曹，冠冕州郡"，不是"更无事迹"可言。斐以官位高低作为是否立传的标准，显然是不足取的。

《魏书》一再修改，实际上与当时的社会风气有关。魏晋南北朝时代是门阀贵族居于统治地位的时代，北魏拓拔氏政权及后来的东魏、西魏、北齐、北周也都不例外。当时，不仅魏收撰《魏书》时罗列谱系，重视门阀，而且那些《魏书》所记历史人物的后裔也同样十分重视门阀。社会风气如此，所以门阀贵族对书中所记其先人传记不合自己心意的贵族，自然要大做文章，以求为其先人遮掩丑恶，增添光彩。达不到目的，则一再推波助澜，围攻魏收，死后多年，仍要掘其墓，抛其骨。

《魏书》被群起而攻之，与当时的政治背景和魏收本人的为人处事性格品质极有关系。

北魏后期，随着世家士族的发展，统治阶级内部矛盾错综复杂，日益激化。北魏终于分裂为东魏和西魏之后，掌握实权的高氏和宇文氏，分别取代东魏和西魏，建立了北齐和北周。魏收属于东魏，北齐系统，所以《魏书》强烈地反映了以这个系统为中心的色彩，凡不属于这个系统的或关系不够密切的人，自然会认为这部书“抑扬失当，毁誉任情”，从而加以指责。

魏收本人性情轻薄，恃才傲物，有借史来酬恩报怨的行为，这是《魏书》被斥为“秽史”的重要原因。近人李正奋说：“魏收之书，世称秽史，致谤之由，端在轻薄，尊己卑人，矜克性成；史才有余，史德不足，此固不能为收讳也。”由于他持此种态度，书中曲笔不少。曲笔首先表现在袒护北魏和北齐统治者。如北魏政权本始于道武帝拓拔珪，《魏书·序记》却上推二十七代，而内容十分空洞。对西魏事，摒而不书。总而言之，一切不利于自己意图者，都在曲笔之列。曲笔的另一表现，是利用修史的机会徇情营私。魏收参与国史的修撰，得到了阳休之的帮助，他便对阳休之说：“无以谢德，当为卿作佳传。”阳休之的父亲阳固的为政北平(今河北卢龙)，是一个有名的贪官，后被中尉李平弹劾免职，而魏收却记载：“固为北平，甚有惠政，久之，坐公事免官。”甚至还说：“李平深相敬重。”郦道元是北魏著名的地理学家和文学家，其《水经注》是我国第一部全面系统的水文地理名著，可是魏收却把他列入《酷吏列传》，文人相轻之意昭然。

除了以上原因，《魏书》被斥为“秽史”还有因人废书的因素。魏收德情浅薄，轻才傲物，尽管其与修史关系不直接，但弄坏了名声，也为攻击《魏书》的门阀贵族后代提供了口实。

不管怎么说，作为第一部记录我国少数民族历史的《魏书》是有其存在流传的合理性的。

二

《魏书》原编排本纪十二卷，志十卷，合为一百一十四卷，后分为一百三十卷。其具体篇目内容如下：

第一，帝纪十四卷。是北魏帝王的编年大事记。其中包括：

《序纪》卷，记拓拔珪以前二十七人。

《道武帝纪》一卷　《明元帝纪》一卷

《太武帝纪》二卷　《文成帝纪》一卷

《献文帝纪》一卷　《孝文帝纪》二卷

《宣武帝纪》一卷　《孝明帝纪》一卷

《孝庄帝纪》一卷

《前废帝纪、后废帝纪、出帝纪》一卷

《孝静帝纪》一卷

第二，列传九十六卷，其中：

《皇后列传》一卷，记后妃二十八人。

《王子列传》十二卷

《大臣列传》六十卷

《外戚列传》二卷　《儒林列传》一卷

《文苑列传》一卷　《孝感列传》一卷

《节义列传》一卷　《良吏列传》一卷

《酷吏列传》一卷　《逸士列传》一卷

《术艺列传》一卷　《列女列传》一卷

《恩幸列传》一卷　《阉官列传》一卷

《匈奴》等列传九卷（包括十六国、东晋、宋、南齐、梁、高句丽、西域、蠕蠕等）

《序传》一卷（记魏收的家世、本人经历、修撰《魏书》的情况）

第三，《志》二十卷：

《天象志》四卷，记载当时天文学成就和观测星象的各项记录；《地形志》三卷，记载北魏、东魏时期州、郡、县的建置，并附有地理沿革和户口数目；《律历志》二卷，记载当时通行的历法及修订的情况；《礼志》四卷，记载当时祭祀天地、祭祀宗庙和婚、丧、冠等礼节的仪式；《乐志》一卷，记载与当时祭祀等礼节仪式相配合的音律和乐章；《食货志》一卷，记载当时农业、工业、商业以及货币的发展情况；《刑罚志》一卷，记载当时刑法的制订和变异情况；《官氏志》二卷，记载各级文武官吏的设置状况和鲜卑贵族的姓氏变化；《灵征志》二卷，记载地震、大水等灾异和神龟、白雀之类的祥瑞；《释老志》一卷，记载当时佛教和道教的传播，发展及其与北魏统治者的关系。

三

《魏书》在编纂体例方面与前人史书不同的做法，有以下几个方面：

首先，设立《序纪》。《魏书》第一卷为《序纪》，记述北魏先世，远溯至道武帝拓拔珪以前二十七代一个名叫“毛”的人，拓拔珪称帝后追尊为成皇帝，下至拓拔什翼犍，追赠为昭成帝，共二十七人。这二十七人当时没有帝号，都是北魏建立后追赠的，因而与历史相距甚远。故而唐刘知几把那些人比喻为“沐猴”、“腐鼠”，语虽尖刻，但称这些人，徒有虚号，没有事迹的意见却是对的。但是这些人反映北魏的世系也是有价值的。

其次，列传注重谱系罗列。《魏书》的列传中，对于高门大姓的谱系姻亲，往往不论亲疏，详加罗列。而这些大量罗列的人物，有许多并无事迹可记。由于这种

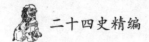

“家谱”式的传记，当时就有人提出批评。但是，魏收多叙谱系枝叶的笔法，也确为后人辨别北魏时汉人与鲜卑人家世源流提供了许多的方便。一般说来，《魏书》注重谱系，一般一人立传，子孙附后，但也不尽拘泥于此。对事迹特别突出，材料也很丰富的也单独立传。

第三，《外戚传》载后妃家族男子。魏收的《外戚传》不记后妃，而专载后妃家族男子，开一新体例。自此以后，唐修《晋书》、《北齐书》、《北史》、《隋书》时也步其后尘，专立《外戚传》。二十五史中的《旧唐书》、《新唐书》、《宋史》、《金史》、《明史》也都有专记外戚的类传，可见其影响的深远。

第四，新创《官氏志》和《释老志》。《官氏志》前半部分讲官制，后增部分谈氏族。后半部分分别列举了拓拔部和所属各部落、氏族原来的姓氏及所改的汉姓，为研究拓拔氏部族的形成、发展、扩大和汉化提供了完整而重要的资料。像这样专讲姓氏变化的史志，在二十五史中仅此一篇。《释老志》也分为两部分，对北魏以前的佛教、道教状况作了具体记载。关于佛教，从西汉霍去病获金人，东汉蔡愔取佛经，洛阳建佛寺，魏晋后印度佛教东来，中国佛教徒西去，以及佛经的翻译，建造佛像，开凿石窟，佛教弥漫全国等情况，作了详细完备的叙述，宛如一篇中国佛教小史。关于道教的起源、发展，以及被北魏统治者利用的情况，也说得很有系统条理。《释老志》的创立，符合历史发展的必然要求，对史学的发展有着重要的贡献。

四

《魏书》具有较高的史料价值，具体说来有以下几个方面：

首先，记述了鲜卑拓拔部的早期历史及进入中原后封建的过程。大致勾画出了鲜卑拓拔部由原始社会到阶级社会的发展轮廓。始祖力微以后，拓拔部迁到今内蒙古自治区南部，生产力得到发展，原始氏族社会逐渐瓦解，魏收的叙述也渐详尽起来。以后的封建化过程，孝文帝时的三长制、均田制，改鲜卑为汉姓，一系列的社会改革，都有详尽的记载。北魏王朝之所以成为我国历史上第一个由少数民族统治中原地区的政权，政治比较稳定，维持的时间也较长，《魏书》详尽地记录了鲜卑贵族与汉族联合统治的情况。

其次，反映了鲜卑贵族门阀化的情况。据《魏书》记载，孝文帝迁都洛阳之后，立即按照汉族门阀制度的模式，改变鲜卑贵族的姓氏，并规定其门第等级。魏收对“以贵承贵，以贱袭贱”的门阀进程有详细的记载。为研究南北朝时期门阀制度的状况，提供了大量的材料。

第三，描述了佛教、道教的情况及其与北魏统治后的关系和社会影响。除了前述之外《释老志》还描述了佛教对北魏的社会影响。北魏统治者大多支持利用佛教。道武帝等各个皇帝都支持大修佛寺等佛事活动，尽管太武帝大规模地灭了一次佛，但总的说来，还是支持的，所以佛教在北魏得到了长足的发展，佛中人也为统治者提供各种统治帮助。《释老志》记载当时为佛寺服务的“僧祇户”、“佛图户”的状况，对于我们了解寺院经济和阶级关系无疑是很有用的。

第四，记述了北魏的经济制度及经济状况。《魏书》列有《食货志》。《食货志》详细记载了北魏均田制实行的时间。均田原则，各类人受田的数量、受田种类、调整规则均有记录。同时对与均田制有关三长制和租调制也有详细的记述。这些内容为后人研究北魏的土地制度、赋役制度和基层政权组织制度，提供了系统的基本史料。对北魏货币使用情况的记录，也有助于我们从一个侧面了解北魏社会经济发展的情况。

第五，记载了我国国内少数民族情况及北魏朝与国外经济文化的交流。《魏书》的记载不限于北魏、东魏王朝，还涉及到北魏统治范围以外的国家、地区和民族。如卷一〇〇为高句丽、百济、勿吉、失韦、豆莫娄、地豆于、库莫奚、契丹、乌洛侯等当时九国的列传。另外还有卷一〇一和卷一〇二的记述，这些记载证明，在北魏时期，由于各民族人民错居杂处，共同进行生产交流，民族融合日益加深，对于认识我国历史是由多民族共同创造的这一事实，有重要价值。

第六，保存了文化史、科技史等多方面的资料。《魏书》对文化方面对北魏发展有建树的思想家、文学家、艺术家的事迹，都有记载。像《儒林传》中的梁越、卢丑、张伟、梁祚、平恒、陈亲、常爽、刘献之、张吾贵、刘兰、孙惠蔚、徐遵明、董徵、刁冲、卢景裕、李同轨、李兴业等十七位儒者的事迹，都具体地反映了北魏儒学及教育状况。

总的说来，《魏书》在整个二十四史中，虽不算十分突出，但简单地把它斥为“秽史”也是站不住脚的。它编撰体例合理，文笔流畅生动，它能给后人提供有关北魏一朝的各种研究参考。

政　略

笔公古弼

上谷[1]民上书，言苑囿过度，民无田业，乞减太半，以赐贫苦。弼[2]览见之，入欲陈奏，遇世祖[3]与给事中刘树碁[4]，志不听事。弼侍坐良久，不获申闻，乃起，于世祖前捽[5]树头，掣[6]下床，以手搏其耳，以拳殴其背曰："朝廷不治，实尔之罪！"世祖失容放碁曰："不听奏事，实在朕躬，树何罪？置之！"弼具状以闻。世祖奇弼公直，皆可其所奏，以丐[7]百姓。……

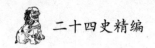

世祖大阅[8]，将校猎于河西。弼留守，诏以肥马给骑人，弼命给弱马。世祖大怒曰："尖头奴，敢裁量[9]朕也！朕还台[10]，先斩此奴。"弼头尖，世祖常名之曰"笔头"，是以时人呼为"笔公"。弼属官惶怖惧诛，弼告之曰："吾以为事君使田猎不适盘游[11]，其罪小也。不备无虞[12]，使戎寇恣逸，其罪大也。今北狄孔炽，南虏未灭，狡焉之志，窥伺边境，是吾忧也。故选肥马备军实，为不虞之远虑。苟使国家有利，吾何避死乎？明主可以理干，此自吾罪，非卿等之咎。”世祖闻而叹曰：“有臣如此，国之宝也！”赐衣一袭⑬、马二匹、鹿十头。后车驾⑭田于山北，大获麋鹿数千头，诏尚书发车牛五百乘以运之。世祖寻谓从者曰：“笔公必不与我，汝辈不如马运之速。”遂还。行百余里而弼表至，曰：“今秋谷悬黄，麻菽布野，猪鹿窃食，鸟雁侵费，风波所耗，朝夕参⑮倍，乞赐矜缓，使得收载。”世祖谓左右曰：“笔公果如朕所卜，可谓社稷之臣。”

（《魏书·古弼传》）

【注释】

①上谷：郡名，辖境在今河北张家口，小五台山以东，赤城、北京市延庆县以西，及内长城和昌平县以北的地方。②弼：即古弼，北魏大臣，官至尚书令、司徒，忠谨好学，善骑射，好直谏，后遭诬告被杀。③世祖：即太武帝拓跋焘。④碁：“棋”字的异体字。⑤捽（zuó）：揪。⑥掣（chè）：拉。⑦丐：给予。⑧大阅：对军队的大检阅。⑨裁量：这里是戏耍、戏弄的意思。⑩台：南北朝时期称朝廷禁省为台，称禁城为台城。⑪盘游：游乐。⑫无虞：意料不到的突发情况。⑬一袭：衣服一套为

一袭。⑭车驾：用作帝王的代称。⑮参：同“叁”。

【译文】

上谷地区的老百姓上书太武帝，言说皇家花园苗圃占田过多，使得百姓无田可种，请求减半，以便赏赐给贫苦之家耕种。古弼看了奏章以后，入宫，准备奏明皇上，碰上世祖正在与刘树下棋，根本没有听奏章的意思。古弼在旁边坐等了好久，世祖也不问他有何事，于是古弼站起身来，当着世祖的面，揪住刘树的头发，将他从椅子上拉下来，然后一只手拽住刘树的耳朵，一只手攥成拳头殴打他的脊背，斥责刘树说：“皇上不理朝政，都是你这个佞臣的罪过。”世祖立刻变了脸色，放下手中的棋子，大声说：“没听你的奏章，这错全在我，刘树有什么罪呢？还不快松手？”古弼就把他闻听到的一五一十地告诉世祖。世祖对古弼的正直大为惊叹，并答应了他的奏请，把一半土地赐给贫贱之家耕种……。

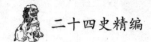

又一次，世祖检阅三军，然后大小将校准备会猎于黄河西部。当时古弼留守在家，世祖下诏古弼送一批健壮的马匹以供游猎之用，古弼却送去一些瘦劣之马。世祖非常生气，大怒道：“尖头奴才，竟敢对我的旨令不听话，等我回到宫中，一定要砍下你的狗头。”古弼脑袋尖削，世祖常喊他“笔头”，所以当时人们便称他为“笔公”。古弼的下级僚属非常担心，害怕杀头。古弼对他们说：“我认为侍奉国君田猎而不能使他尽兴游乐，这一罪责不是太大。如果我们不提高警惕，防备不测，一旦敌人大举进攻，这才是最大的罪责啊！目前北方敌军气焰嚣张，南方也是强敌压境，敌人正虎视眈眈，暗中观望我方动静，等待下手的机会，这才是我所忧虑的啊。之所以挑选健壮的马匹留给军队，就是从以防不测这一角度来考虑的。只要对国家有利，我就不怕杀头。皇上英明睿智，是会理解我的良苦用心的。这是我的罪过，不是你们的过错。”世祖听后，深有感触地说：“有这样的忠直之臣，真是国家的宝啊。”便赐给古弼一套礼服、两匹马、十只鹿。后来又有一次世祖在山北打猎，捕获麋鹿几千只，世祖下诏尚书派牛车五百辆来拖运。过了一会，世祖又对手下人说：“笔公一定不会给我派这些牛车，还不如早点用马将这些猎物运走。”说罢就回宫，刚走了一百来里便接到古弼的奏表说：“今年的谷穗已经下垂变黄，桑麻大豆也布满田野，山猪野鹿经常偷吃，飞鸟大雁也来啄食，再加上风吹雨打，损失很大。早收与晚收要相差三倍。请皇上恩准暂缓拉运麋鹿，以使车辆集中运输已收入的秋谷与杂粮。”世祖看完奏表后说：“果然像我说的那样，笔公真可谓是国家的栋梁啊。”

高允直谏

恭宗季年[①]，颇亲近左右，营立田园，以取其利。允谏曰："天地无私，故能覆载；王者无私，故能包养。昔之明王，以至公宰物，故藏金于山，藏珠于渊，示天下以无私，训天下以至俭。故美声盈溢，千载不衰。今殿下国之储贰[②]，四海属心[③]，言行举动，万方所则[④]，而营立私田，畜养鸡犬，乃至贩酤市鄽[⑤]，与民争利，议声流布，不可追掩。天下者，殿下之天下，富有四海，何求而不获，何欲而不从，而与贩夫贩妇竞此尺寸。昔虢[⑥]之将亡，神乃下降，赐之土田，卒丧其国。汉之灵帝，不修人君之重，好与宫人列肆贩卖[⑦]，私立府藏[⑧]，以营小利，卒有颠覆倾乱之祸，前鉴若此，甚可畏惧。夫为人君者，必审于择人。……。故愿殿下少察愚言，斥除佞邪，亲近忠良，所在田园，分给贫下，畜产贩卖，以时收散。如此则休[⑨]声日至，谤议可除。

……

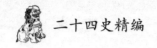

给事中[⑩]郭善明，性多机巧，欲逞其能，劝高宗大

起宫室。允谏曰："臣闻太祖道武皇帝既定天下，始建都邑。其所营立，非因农隙，不有所兴。今建国已久，宫室已备，永安前殿足以朝会万国，西堂温室⑪足以安御圣躬，紫楼临望可以观望远近。若广修壮丽为异观者，宜渐致之，不可仓卒。计斫⑫材运土及诸杂役须二万人，丁夫充作，老小供饷，合四万人，半年可讫。古人有言：一夫不耕，或受其饥；一妇不织，或受其寒。况数万之众，其所损废亦以多矣。推之于古，验之于今，必然之效也。诚圣主所宜思量。"高宗纳之。

（《魏书·高允传》）

【注释】

①"恭宗"句：恭宗，北魏文成帝拓跋浚，太武帝拓跋焘的嫡孙。季年，末年。②储贰：皇位继承人。③属心：归心；心悦诚服地归附。④则：表率；效法。⑤市廛：集市。廛（chán）：公家所建供商人存储货物的房舍。⑥虢（guō）：周代诸侯国名。⑦列肆贩卖：摆摊贩卖。⑧府藏：仓库。⑨休：美好。⑩给事中：官名，备顾问应对，讨论政事。⑪温室：汉之宫殿名，此指暖室。⑫斫（zhuō）：砍。

【译文】

恭宗晚年，一味亲近左右奸佞小人，广占田地，大兴园囿，从中获利。高允进谏说："天地之所以能承载万物是因他没有私心；帝王之所以能领有百姓也因没有私心。过去的圣君明主，以最公平的心主宰事物，所以把金子藏在山中，把宝珠藏在深渊，以此向天下人显示无私，用俭朴教训天下人。所以他们的美名流传，千年不衰。目今殿下是国家皇位继承人，四海归附，言行举动，被万方效法，而营建私田，畜养鸡犬，甚至在市场上卖酒，与百姓争利，人们议论纷纷，却与贩卖东西的争夺这些小利。过去虢国行将灭亡的时候，天神曾经降临人间，赐给它土地，可最后还是丧失了那个国家。东汉的灵帝，不尽作皇帝的责任，喜欢与宫人设店铺做买卖，私设仓库，以谋取小利，终于有颠覆丧难的祸患。过去的教训如此，非常值得畏惧。作君主的人，对选择人才必须谨慎。……所以希望殿下体察我的话，斥退奸佞小人，亲近忠良之士，把各地的田园，分给贫穷的人，畜产和贩卖的东西，及时收回散发出去。如果这样，颂扬之声就会一天天传来，非议之论也可以消除。"

……

给事中郭善明，生性机变乖巧，想炫耀自己的才能，劝高宗大兴宫室。高允劝谏说："我听说太祖拓跋蠡平安天下以后，才开始修建都市，他建筑这些城邑，施工一定要利用农闲季节，否则不予动工。现在我们立国的时间已久，宫室已经齐备，永安前殿足够朝会万国，西堂暖室足够皇上宴请歇息，站在紫楼之上足可以登高远眺。如果要广修壮丽的宫室作为奇观，也应该逐渐进行，不可仓猝从事。预计砍伐木材、运输土方及各种杂活需得两万人，成年男子干活，老年儿童供给粮饷，合计起来共四万人，半年内才能完工。古人说过："一个男子不耕种，就有人受饥饿；一个女子不纺织，就有人受冻寒。何况动用几万民工，他们所损失和耗费的东西也太多了啊。考究古代，验证当今，这是必然的结果。这确实是圣明的帝王不得不思量的。"高宗听从了他的建议。

御 人

卢昶有辱使命

卢昶，字叔达，小字师颜，学涉经史，早有时誉。太和初，为太子中舍人，兼员外散骑常侍①，使于萧昭业②。……及昶至彼，值萧鸾③僭立，于是高祖④南讨之，昶兄渊为别道将。而萧鸾以朝廷加兵，遂酷遇昶等。昶本非骨鲠⑤，闻南人云兄既作将，弟为使者，乃大为恐怖，泪汗交横。鸾以腐米臭鱼莝豆供之，而谒者⑥张思宁辞气謇谔⑦，曾不屈挠，遂以壮烈死于馆中。昶还，高祖责之曰："衔命之礼，有死无辱，虽流放海隅，犹宜抱节致殒。卿不能长缨羁首⑧，已是可恨。何乃俛眉饮啄，自同犬马。有生必死，修短几何。卿若杀身成名，贻之竹素⑨，何如甘彼刍菽⑩，以辱君父乎？纵不远惭苏武，宁不近愧思宁！"

（《魏书·卢玄传》）

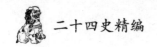

【注释】

①员外散骑常侍：官名，是皇帝侍从官之一，掌管机要。②萧昭业：南齐高帝萧道成的曾孙。③萧鸾：萧昭业侄子，南朝齐明帝。④高祖：即孝文帝元宏（公元467—499年）。⑤骨鲠（gěng）：耿直；正直。⑥谒者：官名，从八品。⑦謇（jiǎn）谔：正直敢言貌。⑧长缨羁（jī）首：自戕以殉国。⑨竹素：指史书。⑩刍（chú）菽：喂牲口的草料。

【译文】

卢昶，字叔达，小名师颜，学业涉经史之书，很早就博得时人的称赞。高祖太和初年，官拜太子中舍人，兼员外散骑常侍，受命出使到萧绍业营中。……。卢昶到达萧昭业营中以后，恰逢萧鸾杀死萧昭业僭号自立，于是高祖发兵向南征讨他，卢昶的哥哥卢渊为别道将。萧鸾因朝廷派兵征讨，就残酷地虐待卢昶等人。卢昶本来不是一个正直之士，又听萧鸾营中的人说他的哥哥作北魏军将领，弟弟在这里作使者，非常担心害怕，吓得眼泪汗水直往下淌。萧鸾用烂米臭鱼像喂牲口一样给他们吃，而谒者张思宁严辞斥敌，竟不屈不挠，于是在馆驿中壮烈而死。后来卢昶返魏，高祖谴责他说："奉命出使，纵使死在异邦，也不能有辱使命，即使被流放到海角天涯，仍应该保持节操，你未能自戕以殉国，已经就很令人愤慨。为何还要卑躬屈膝地吃喝敌人提供的饭食，把自己等同于犬马一般呢？人有生必有死，即使苟且多活一些时日又算得了什么呢。你如果身死成名，也可名垂于青史，为何要吃那种粗食以延残喘，而有辱君命呢？即使不有愧于汉代的苏武，难道不有愧于与你同时出使的张思宁吗？"

公孙轨先廉后贪

（公孙）轨，字元庆。少以文学知名，……出从征讨，补诸军司马。世祖平赫连昌，引诸将帅入其府藏，各令任意取金玉。诸将取之盈怀，轨独不探把。世祖乃亲探金赐之，谓轨曰："卿可谓临财不苟得，朕所以赠赐者，欲显廉于众人。"

……世祖将北征，发民驴以运粮，使轨部诣雍州。轨令驴主皆加绢一匹，乃与受之。百姓为之语曰："驴无强弱，辅绢自壮。"众共嗤之。……轨既死，世祖谓崔浩①曰："吾行过上党②，父老皆曰：'公孙轨为受货纵贼，使至今余贼不除，轨之咎也。其初来，单马执鞭；返去，从车百两③。'……轨幸而早死，至今在者，吾必族而诛之。"

（《魏书·公孙轨传》）

【注释】

①崔浩：北魏清河东武城人，字伯渊。太宗初拜博士祭酒，累官至司徒，仕魏三世，军国大计，多所参赞。浩工书，并通经史，作《国书》30卷，为鲜卑大臣所忌，太平真君十一年遂以矫诬罪诛死灭族。②上党：地名。在今山西长治市。③两：同“辆”。

【译文】

公孙轨，字元庆，少年时就以文学闻名于世，……跟随皇上出兵讨贼，补任诸军司马。世祖拓跋焘讨伐赫连昌时，带领众将帅进入皇家仓库，令他们随意取走里面的金银和宝玉。诸将恣意拿取，怀中都堆得满满的，只有公孙轨不取什么。世祖便亲手拿了一块金子赐给他，并对他说：“你真可算得上是临财不取，我之所以要这样进行赏赐，就是要在众人面前找出那些清正廉洁之人。”

……世祖准备向北征讨，便征调老百姓的驴子搬运粮食，让公孙轨调雍州驴。公孙轨却令驴主每条驴增绢一匹，公孙轨与驴主共分其利。当时百姓中流传这样两句话：“驴无强弱，辅绢自壮。”人们以此来讥笑公孙轨贪婪。……公孙轨死后，世祖对崔浩曰：“我从上党地区经过，那里的父老乡亲都说：

‘公孙轨接受赃贿放纵贼寇，致使余祸至今未除，这都是公孙轨的罪过。他初来上党时，单人匹马；离开上党时，运载货物的车子就达上百辆。’……公孙轨死得早，要不然的话，我一定要诛灭他的九族。”

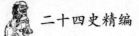

法 制

孝文帝大义灭亲

（元）恂[①]不好学书，休貌肥大，深忌河洛[②]暑热，意每追乐北方。中庶子[③]高道悦数苦言致谏，恂甚銜之。高祖幸嵩岳[④]，恂留守金墉[⑤]，于西掖门内与左右谋，欲召牧马轻骑奔代[⑥]，手刃道悦于禁中。领军[⑦]元俨勒门防遏，夜得宁静。厥明，尚书陆琇驰启高祖于南，高祖闻之骇惋，外寝[⑧]其事，仍至汴口而还。引恂数罪，与咸阳王禧等亲杖恂，又令禧等更代，百余下，扶曳出外，不起者月余。拘于城西别馆。引见群臣于清徽堂，议废之。司空、太子太傅穆亮，尚书仆射、少保李冲，并免冠稽首而谢。高祖曰："卿所谢者私也，我所议者国也。古人有言，大义灭亲。……此小儿今日不灭，乃是国家之大祸，脱待我无后，恐有永嘉之乱[⑨]。"

乃废为庶人，置之河阳⑩，以兵守之，服食所供，粗免饥寒而已。……

……中尉李彪承间密表，告恂复与左右谋逆。高祖在长安，使中书侍郎邢峦与咸阳王禧，奉诏赍椒酒⑪诣河阳，赐恂死，时年十五。

（《魏书·废太子传》）

【注释】

①恂：即元恂，字元道。北魏孝文帝长子，太和十七年（公元493年）七月立为皇太子，后废。②河洛：指黄河洛水两条河流之间的地区。③中庶子：官名，太子属官。④嵩岳：即嵩山，在河南登封县。⑤金墉：古城名，即金墉城，是当时洛阳城（今河南洛阳市东）西北角上一小城。⑥代：即北魏王朝的发祥之地，包括今山西代县在内的部分地区。⑦领军：官名，与中护军同掌中央军队，是重要军事长官之一。⑧寝：（消息等）扣住不发。⑨永嘉之乱：永兴元年（公元304年）匈奴贵族刘渊利用东晋“八王之乱”和各族人民起义的时机，起兵离石，国号汉，次年其子刘聪歼灭晋军十余万人，并在同年遣刘曜率兵破洛阳，俘怀帝，纵兵烧掠，杀王公士民三万余人，史称这一时期为“永嘉之乱”。⑩河阳：古县名，在今河南孟县。⑪椒酒：用椒实浸制的酒。

【译文】

元恂不爱读书学习，身体肥胖，惧怕洛阳地区暑热的天气，心里常常思念南迁洛阳之前北方的快乐情景。中庶子高道悦多次苦言劝谏，元恂因此对他十分不满。高祖驾幸嵩山，留元恂镇守金墉城。元恂就在西掖门与心腹谋议，准备轻快的马匹驰回到南迁之前的代国所在地，便在皇宫内亲手杀掉高道悦。领军元俨严守宫门，预防哗变，当天夜里才没出什么意外，和先前一样宁静。第二天天一亮，尚书陆琇骑着快马向南奏明高祖，高祖闻报后惊骇不已，但并未向外透露此事，仍然到汴口巡游一番才返回洛阳。回来后列举元恂几条罪状，与咸阳王元禧等人一起亲自杖罚元恂，并不时令元禧等人代他杖罚，打了一百多下，被人搀扶着拖了出去，一个多月不能起床。接着又将元恂拘禁在城西客馆中。太祖在清徽堂召见群臣，商议废黜太子一事。司空、太子太傅穆亮，尚书仆射、少保李冲都摘下乌纱帽为元恂谢罪求情。高祖说："你们谢罪求情只是出于个人利益，而我提议废掉太子却事关社稷命运，古人说过大义灭亲这句话，……今日如果不废黜他，便为我元魏江山留下一个大祸根，等到我死之后，永嘉之乱的惨剧恐怕会再度重演。"于是废元恂为庶人，把他安置在河阳，派兵防守，所供应的饭食衣服，也只是刚够免除饥寒而已。

……后来中尉李彪密呈奏表，告发元恂与手下人意欲谋反。高祖当时正在长安，便派中书侍郎邢峦与咸阳王元禧，奉诏携带椒酒赴河阳，诏赐元恂自尽，当时年仅十五岁。

司马悦辨真凶

世宗初，悦[①]除镇远将军、豫州刺史。时有汝南[②]上蔡董毛奴者，赍钱五千，死在道路。郡县疑民张堤为劫，又于堤家得钱五千。堤惧拷掠[③]，自诬言杀。狱既至州，悦观色察言，疑其不实。引见[④]毛奴兄灵之，谓曰："杀人取钱，当时狼狈[⑤]，应有所遗，此贼竟遗何物?"灵之云："唯得一刀鞘而已。"悦取鞘视之，曰："此非里巷所为也。"乃召州城刀匠示之，有郭门者前曰："此刀鞘门手所作，去岁卖与郭民董及祖。"悦收及祖，诘之曰："汝何故杀人取钱而遗刀鞘?"及祖款引[⑥]，灵之又于及祖身上得毛奴所著皂襦[⑦]，及祖伏法。

（《魏书·司马悦传》）

【注释】

①悦：即司马悦，字庆宗，曾官北魏立节将军、建兴太守、宁朔将军、司州别驾，永平元年（公元508年）被杀。②汝南：

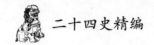

郡名，治所在上蔡（今河南上蔡西南），辖境相当于今河南颍河、淮河之间，以及安徽茨河、淮河以北的地区。③拷掠：鞭打，这里指用刑。④引见：接见。⑤狼狈：此为慌张的意思。⑥款引：对所犯罪行供认不讳。⑦皂襦：黑色的短袄。

【译文】

世宗即位初年，司马悦擢升为镇远将军、豫州刺史。当时汝南郡上蔡县有个叫董毛奴的人携带了5000钱，被人杀死在大路上。郡县两级都怀疑是村民张堤杀人后抢劫，并且在张堤家中搜出5000钱。张堤怕受刑，只好屈招是自己杀人。此案送到州里，司马悦通过观察罪犯的语言和脸色，怀疑其中有问题。便接见了董毛奴的哥哥董灵之，问他说：“杀人抢钱，当时慌乱紧张，一定丢下了什么东西，这个罪犯究竟丢下什么东西没有？”董灵之说：“只是拾到一把刀鞘。”司马悦拿过刀鞘仔细观察，说：“这把刀不是乡下制造的。”便召集州城里的刀匠都来看这把刀鞘，有一个叫郭门的人走上来说：“这把刀鞘是我打制的，去年卖给城外的百姓董及祖。”司马悦便拘禁了董及祖，责问他说：“你为何杀人抢钱而丢下刀鞘呢？”董及祖此时对所犯罪行供认不讳，董灵之又在董及祖身上搜出了董毛奴所穿的黑色短袄，董及祖被处死。

理　财

杨氏不羡荣华

姚氏妇杨氏者，阉人苻承祖姨也。家贫无产业[①]。及承祖为文明太后所宠贵，亲姻皆求利润[②]，唯杨独不欲。常谓其姊曰："姊虽有一时之荣，不若妹有无忧之乐。"姊每遗其衣服，多不受，强与之，则云："我夫家世贫，好衣美服，则使人不安。"与之奴婢，则云："我家无食，不能供给。"终不肯受。常著[③]破衣，自执劳事。时受其衣服，多不著，密埋之，设[④]有著者，污之而后服。承祖每见其寒悴，深恨[⑤]其母，谓不供给之。乃启其母曰："今承祖一身何所乏少，而使姨如是？"母具以语之。承祖乃遣人乘车往迎之，则厉志不起，遣人强舁[⑥]于车上，则大哭，言："尔欲杀我也！"由是苻家内外皆号为痴姨。

（《魏书·列女传》）

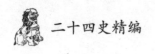

【注释】

①产业：家产。②利润：分沾利益。③著：同“着”。④设：如果；即使。⑤恨:埋怨。⑥舁（yú）：抬。

【译文】

有位姚姓的妻子杨氏，是宦官苻承祖的姨母。家贫没有家产。及至苻承祖为文明太后所宠幸后，他的亲戚便都来投靠他，以便分沾利益，只有杨氏不这样做。她时常对他姐姐说：“姐姐虽然有一时的荣华富贵，但不如我有无忧无虑的欢乐。”她姐姐常送她一些衣服，大都没有接受，如若强行塞给她，她就说；“我夫家世代贫穷，这些华丽的衣服，穿在身上反而令人不安。”姐姐便说送给她丫环，她就说：“我家缺衣少食，养不起丫环。”不肯接受。常常穿得破衣烂衫，内内外外，亲手操持。有时偶尔接受几件衣服，也都没有穿，而是偷偷地把它埋藏起来，即使有穿在身上的，也要先把它弄脏然后再穿。苻承祖每每见到她穷困潦倒、面容憔悴，心里便怨恨他母亲，认为母亲没有周济她，就开口对他母亲说：“现在我们倒是要什么有什么，啥也不缺乏，却让姨母这样贫寒。”母亲便把这前前后后的经过全告诉儿子。于是苻承祖便派人乘车去迎接杨氏，杨氏却死活也不肯起身，又派人强行把杨氏抬到车上，她便大哭不止，并说；“你不如要我的命吧！”从此，苻家内外都称她为“痴姨”。

贪人败类

后幸左藏[①]，王公、嫔、主以下从者百余人，皆令任力[②]负布绢，即以赐之，多者过二百匹，少者百余匹。唯长乐公主手持绢二十匹而去，……世称其廉。仪同、陈留公李崇，章武王融[③]并以所负过多，颠仆[④]于地，崇乃伤腰，融至损脚。时人为之语曰：“陈留、章武，伤腰折股，贪人败类，秽我明主”。

（《魏书·皇后列传》）

【注释】

①左藏：魏都洛阳城左的国库。藏，储存东西的地方。②任力：有多大力出多大力。③融：即元融，北魏皇族，封章武王。④颠仆：因负载过重而跌倒。

【译文】

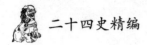

灵皇后驾幸洛阳城左的国库，王公、妃嫔及随从100多人。灵皇后下令跟随的人可在国库中尽力扛负布匹，然后就将这些

布匹赐给他们，扛得多的竟一次扛了两百匹，少的也不下百匹。而长乐公主手里只拿了20匹，……当时的人们称赞长乐公主很廉洁，不贪财。仪同官陈留公李崇和章武王元融都因为扛得太多，跌倒在地，李崇扭伤了腰，元融扭伤了脚。当时的人作了这样两句顺口溜：“陈留、章武，伤腰折股。贪人败类，秽我明主。”

德 操

李洪之贪赃丧命

李洪之，本名文通，……少为沙门，晚乃还俗。真君[1]中，为狄道护军，……会永昌王仁随世祖南征，得元后姊妹二人。洪之以宗人潜相饷遗，结为兄弟，遂便如亲。颇得元后在南兄弟名字，乃改名洪之。……元后临崩，昭太后问其亲，固言洪之为兄。……以外戚为河内太守，进爵任城侯，……

洪之素非廉洁，每多受纳。时高祖始建禄制，法禁严峻，司察所闻，无不穷纠。遂锁洪赴京。高祖临太华，庭集群官，有司奏洪之受赃狼藉，……高祖亲临数之，以其大臣，听[2]在家自裁。……及临自尽，沐浴换衣。防卒扶持，将出却入，遍绕家庭，如是再三，泣叹良久，乃卧而引药。

（《魏书·酷吏传》）

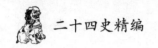

【注释】

①真君：北魏太武帝拓跋焘的年号，共十二年（公元440—451年）。②听：判决。

【译文】

李洪之，本名文通，……幼时曾做过和尚，后来还俗。北魏真君年间，为狄道郡护军。……正值永昌王拓跋仁随世祖南征，得到元后姐妹二人。李洪之便以同宗的身份暗中相遗赠，并结为兄妹，从此便如同亲兄妹一般。又打听到了元后在南方的兄弟的名字，就改名洪之。……元后临死前，昭太后问她有什么亲人，元后便说李洪之是自已的哥哥。……

李洪之以外戚的身份被任命为河内太守，封爵任城侯。……

李洪之向来不太廉洁，常常接受别人的贿赂。当时高祖刚刚建立官吏俸禄制度，法律严苛，司法监察部门一发现犯罪行为，就会追察到底。这样李洪之便被脚镣手拷押往京都。高祖亲临太华殿，召集群臣，执法官奏陈李洪之贪赃枉法的种种罪行，……高祖看了罪状后很愤怒，亲自历数其罪，因为他是朝中大臣，赐他在家自尽。……自尽那天，李洪之沐浴更衣。士卒一直扶持着他，将出门时，又转身回去，绕着屋子走了几圈，哭泣叹息了好长一段时间，便躺在床上仰起脖子服药自尽了。

传世故事

鲜卑主误杀其子

拓跋力微是鲜卑索头部的大人，也就是后来史称的魏始祖神元皇帝。他雄武，颇富谋略，所率索头部在鲜卑诸部中势力最为强盛，有骑兵号称二十余万，诸部大人都尊他为首。他迁居定襄的盛乐后，认为以前匈奴蹋顿之徒所采取的劫掠边民以谋财利的行径既伤及自身又易树仇敌，不足为法，就采取了与曹魏睦邻友好的政策。

曹魏景元二年（261），拓跋力微派遣其子拓跋沙漠汗前往曹魏。沙漠汗留居曹魏时，与人相处得很融洽，得到了不少馈赠的财物。西晋取代了曹魏后，拓跋力微继续保持与中原的友好关系，沙漠汗仍然留在西晋，六年后，他才以父亲年迈为由辞晋北归。

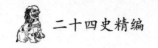

晋咸宁元年（275），沙漠汗再次奉父命前往西晋。是年的冬天，他离开晋都北归，晋武帝赠给他许多物品，以致随归的

牛车达百辆之多。沙漠汗一行抵达并州时，晋征北将军卫眭密奏武帝，请求扣留他们。武帝难以失信于人，没有答应。卫眭又上书武帝，请求以金钱锦缎贿赂鲜卑诸部的大人，用离间计使他们彼此怀疑，相互仇杀。武帝这次同意了卫眭的意见，让他照计行事，并且扣留了沙漠汗。

咸宁三年（277），晋武帝准予沙漠汗返乡，拓跋力微闻知大喜，派遣诸部大人前往阴馆迎接沙漠汗。沙漠汗在阴馆与他们一起饮酒时，仰见天上有鸟飞翔，便对他们说道："我给你们射一只下来。"说完拿过弹弓弹射，弦声响后，鸟儿随即从空中掉在了地上。那时，鲜卑没有弹弓这种武器，诸部大人只听见弓弦响，未见箭射出，却看到鸟儿被击落，都不禁惊得面面相觑。他们在背后商议道："沙漠汗的风度服装已经同于中原，而且还学会了此等绝世的奇术，如果他回来继承首领的位置，实行改革，我们这些人肯定会不得志。不如让拓跋力微身边的几个儿子当接班人。"再加上先前晋人已对他们施用了离间计，因此他们一拍即合，开始策划除掉沙漠汗。他们首先抢在前头赶了回去，拓跋力微见他们归来，问道："我儿子已经游历了中原，现在有什么长进啊？"诸部大人都回答道："令郎才能技艺十分高超，用一只空弓就能射落飞鸟。他学到手的好象是晋人的旁门左道，这可是乱国害民的不祥之兆哇！愿您三思。"拓跋力微因沙漠汗先后去中原多年，日渐宠幸起身边的几个儿子，而且他已届垂暮之年，头脑已不如往日明晰。这次一听诸部大人如是说，心中起了疑心，就说道："不能容他回来，就该趁早除掉他!"诸部大人要的便是这句话，于是派人前去杀死了沙漠汗。

拓跋力微诛除了儿子后有些悔之无及，一窝火，人也病倒在床。乌桓王库贤时为拓跋力微宠信，手中握有实权，加上又接受了卫畤的重礼，于是便想利用拓跋力微卧病之机制造混乱。他故意当着诸部大人的面在庭院中磨砺大斧，诸部大人很奇怪，问他磨斧干什么，他回答说："主上恼恨你们进谗言，夺去了沙漠汗的性命。现在要把你们的大儿子都抓起来处死。"诸部大人听后信以为真，各自散去。其后不久，拓跋力微一命归阴，鲜卑诸部内乱频仍，拓跋氏的势力因此走向了衰落。

（《魏书·序纪》）

魏太宗善用贤士

魏泰常八年（423），魏太宗明元帝拓跋嗣死，其子拓跋焘即位，是为世祖太武帝。世祖明智过人，勇武善断，在位的近三十年间，"扫统万，平秦陇，翦辽海，荡河源，南夷荷担，北蠕削迹。廓定四表，混一戎华，其为功也大矣！遂使有魏之业，光迈百王"。他建立伟业丰功的经验之一，是举贤任能，"拔士于卒伍之中，惟其才效所长，不论本末"。

神䴥（jiā）四年（431），世祖曾下诏书，表明了求贤若渴之心。他听到有关官员盛称“范阳卢玄、博陵崔绰、赵郡李灵、河间邢颖、勃海高允、广平游雅、太原张伟等，皆贤俊之胄，冠冕州邦”，便在诏书中急不可耐地指示各地方官，以礼征召卢玄这类“隐迹衡门，不耀名誉者”。诏书下达后，州群官员闻风而动，一下子给他送来了数百人。世祖非常高兴，按照各人的特长全部录用了他们。然而，有些地方官员为了执行诏命，举荐贤才时也不管人家是否志愿出山，一律以催逼的手段，把人家打发到了京师。世祖知道以后很生气，就在第二年下诏明令禁止。他在诏书中说道：“我多年来致力于扫平伪逆、征讨凶顽的大业，极想得到助我治国安邦的英才贤士，故而诏命各州郡发现隐逸，荐举人才。古时的君子修身养性于衡门之下，奇才大略为世所用，但他们都不是被逼着出山的。或者雍容雅静，不慌不忙，像陶潜一样三命而后至；或者繞繞惶惶，急于立业，象伊尹一样负鼎而自到。他们出山的缓急虽然不一样，但济时匡世却是相同的。各地召人纳士均应晓喻以礼，由其进退自如，为何要逼迫他们呢？这样做纯属地方官员有失我的旨意。哪里是发扬光大我的思想？分明是在显示我的德行不到家。从今以后，各地选人荐士时务必要宣传我虚心求贤之心，人到以后就应根据各自的文才武艺，授以政事。”

世祖如此求贤若渴，召人有道，果然使一大批忠臣良将聚集于他的身边，而且“人思效命，所向无前”。此外，世祖还善于调动群臣为他效力的积极性。自古以来，都是人臣为天子歌功颂德，而世祖却反其道而行之，“命歌工历颂群臣”，亦即让乐工歌手专门演唱各位大臣的某一突出的长处，以这种特殊的文艺形式褒扬人臣。如官至上党王的长孙道生，为人特别廉洁。他身居高位，却“衣不华饰，食不兼味”。一副骑马用的熊皮障泥用了数十年仍不肯丢掉换新的。他出镇在外，家中的子弟翻造了新屋，他回家后叹道：“昔霍去病以匈奴未灭、无以家为，今强寇尚游魂漠北，吾岂可安坐华美也。”在狠狠教训了子弟后，命人拆毁了新屋。抚军大将军、左光禄大夫崔浩“才艺通博，究览天人，政事筹策，时莫之二”，多谋善断有如汉初的张子房。世祖看重长孙道生的清廉、崔浩的智谋，因此吩咐歌工演唱他们时，有“智如崔浩，廉如道生”之语。其他诸臣，歌中亦各有所佳。群臣见世祖这般称扬自己，受宠若惊，更加竭立效劳了。

（《魏书·世祖纪》等）

魏高祖褒忠求贤

魏高祖孝大皇帝拓跋宏是个有雄才大略的君主。他“爱奇好士，视下如伤”。对忠心耿耿的臣子，不仅在其生前给以高官显位，而且在其死后还树碑立传，想因此引起忠义效应。

太原晋阳人王睿（ruì），字洛诚，因精通天文卜筮之学，而且容貌伟丽，早在魏高宗文成皇帝拓跋浚（jùn 俊）朝即被任为要职。承明元年（476），文明太后临朝听政，王睿特别受宠，累官至吏部尚书，封太原公，得以参预机密政事，满朝文武都怕其三分。

太和二年（478），高祖拓跋宏与文明太后率领百官群僚来到虎圈观赏老虎时，发生了意外。一只老虎突然蹿出了圈外，直扑高祖和文明太后所坐的地方。左右侍从一时吓得心惊胆丧，作鸟兽散。只有王睿镇定自如，他从别人手中夺过一支戟，一边挥舞着吓唬老虎，一边紧紧护卫着高祖和文明太后。老虎被赶跑后，惊魂落定的高祖和文明太后特别感激王睿这个舍身相救的忠臣，从此对他更加另眼相待。王睿的官职不断上升，一直作到了中山王、镇东大将军。高祖和文明太后赏给他的珍宝绫罗数以万计。因为每次赏赐，都是由宦官押着有帷幕遮盖的车子，于夜间开进他的府第，因此他人不知其详。致于赏赐给他的田园、奴婢、牛马等等，也都是好上加好的。

王睿对政事提出的一些意见，高祖也往往听得进去。如沙门法秀的谋逆事件，曾株连到许多人。王睿为避免打击面过宽，曾劝谏高祖道："与其误杀了无辜之人，倒不如宁可放过了有罪之人。应以严惩首恶，余皆不问为宜。"高祖采纳了他的谏言，结果使一千多人免受了牵连。后来，他患病时，高祖、文明太后曾几次亲自去探视他。他身当垂危之际，还向天子上奏了最后一道奏疏，言词恳切地写道："臣闻为治之要，其略有五：一者慎刑罚，二者任贤能，三者亲忠信，四者远谗佞，五者行黜陟。夫刑罚明，则奸宄息；贤能用，则功绩著；亲忠信，则视听审；远谗佞，则疑间绝；黜陟行，则贪叨改。"

王睿死时，高祖和文明太后非常哀痛。他们亲自到灵前吊唁，并赐给隆重的葬仪，赠以卫大将军、太宰、并州牧，谥以"宣王"称号。下葬那一天，高祖登上城楼目送王睿的灵车；并且诏命于京城南二十里的大道右侧为其修建祠庙，树碑一座，铭刻他的业绩，设置五户人家于庙旁，专门负责祭祀。高祖还命人画了几张五睿御虎护驾的画图，悬挂在诸殿之中，命文臣高允配上赞语。当时，京城中的士女也抢着谱写新曲，歌唱王睿，名之为《中山王乐》。高祖得知后，吩咐采进乐府，命乐工加以合乐演奏。高祖拓跋宏以种种形式褒扬王睿的忠义，自然期待着有更多的王睿出现。

（《魏书·恩幸传》）

孝静帝用臣反为臣用

北朝北魏末年，高欢拥兵专权，杀死节闵帝，立元修为傀儡皇帝，即孝武帝。后孝武帝元修逃奔关中宇文泰，为西魏；

高欢又在东方立元善为帝，即孝静帝，迁都邺（今河北临漳县西南），是为东魏。东魏建立之后，政权一直掌握在高欢、高澄父子手中。

孝静帝元善喜好文学，美仪轩然，力气很大，能挟石狮子翻墙，射箭无不中的。每次嘉会喜宴，爱让群臣赋诗，文武皆备，有北魏初年孝文帝遗风。当时，齐文襄王高澄掌握大权，对孝静帝极为忌恨，就派自己将军府中的中兵参军崔季舒去皇帝身边做中书黄门侍郎（侍从皇帝，传达诏命的高级官吏），专门窥察皇帝动静，事无大小都要向高澄密报。

崔季舒字叔正，生性敏捷，少年时就涉猎经史，擅长撰文作书，在当时就很才名。在高澄将军府做中兵参军时就深受重爱，所以拼死效忠。高澄当时做中书监，把门下省的事权也揽归己，崔季舒善晓音乐，故而方伎类的官也隶属中书。方伎属中书，就从崔季舒始。高澄每次进奏文表，有的文辞繁杂不通，崔季舒就取出专门加以修饰润色，再向皇帝规劝。孝静帝每次向高澄势力作答，都要与崔季舒商量，称崔中书是自己的奶母。崔季舒虽身在魏帝朝中，但心却在高澄专权的霸府中，他们每次密谋大计，他都要参加。

高澄经常问崔季舒："那傻瓜又怎么样了？那傻样子稍有变化否？"孝静帝曾经与高澄一起在邺城东打猎，皇帝驰逐如飞。监卫都督乌那罗、受工伐从后面呼喊孝静帝道："天子别跑了，大将军要发火了。”高澄曾经与皇帝一起饮酒，高澄举杯劝酒说：“臣澄劝陛下饮酒。”孝静帝不高兴，说：“自古没有不亡的国家，朕为什么要这样活着”！高澄大怒道：“朕！朕！狗屁朕”！高澄当即让崔季舒打了皇帝三拳，拂袖而去。第二天，高澄又派崔季舒向皇帝表示致歉，孝静帝也向他致谢。皇帝又赐给崔季舒绢，季舒不敢接受，去请示了高澄，高澄让他只接受一段，皇帝把一百绢给他，说：“这也是一段！”

（《魏书·孝静本纪》、《北史·崔季舒传》）

柳崇巧审疑案

北魏柳崇，河东解县人，为人端方雅致，颇有气量，也颇有学行。他初出仕时，任太尉主簿，尚书右外兵郎中，不久就在官场中崭露了头角，引起了上层统治者的重视。

当时，河东、河北二郡长期为了辖境问题发生争执。由于有争议的地区有富饶的盐池，又有一条十分重要的有名通道——虞阪。因此，两郡的官吏和百姓，都不愿意将那块地区割让出去。在相当长的一个时间里，郡与郡之间、百姓与百姓之间，纷纷攘攘，争讼不休，一直闹到京城的御史台以及其他有关部门。魏孝文帝久闻柳崇善于处理此类复杂事务，便派他去审理这一专案。他通过仔细考察争议地区的历史归属和现实情况，妥善做好两郡官民的疏导工作，平稳地处理了双方多年的纷争。两郡的官民上下，都表示愿意停止诉讼。这桩麻烦案件的办妥，更加提高了柳崇的声誉。

后来，他升迁为河北太守。他刚到河北郡上任，就发生了一起郡民张明丢失马匹的案件。县令费了好大力量，也没有查出盗贼，却抓了十几个行迹可疑的嫌疑犯。但究竟谁是盗马贼，仍然难以断清。案子就这样送到了郡里。柳崇也觉得漫无头绪，难以审理。想来想去，他考虑好了一个可以试试的办法。

柳太守把那十多个嫌疑犯逐一叫上堂来，先是一个个从头到足仔细观察，然后开始同他们逐个谈话。可是，他一个字也不提张明丢马、捉贼破案的事。他和颜悦色地向他们问长问短，问他们家住哪里，家里有几口人，父母还在不，有兄弟几个，子女几个，又问他们在家以何为生，今年农村收成怎样，交纳多少赋税，家里的日子过得如何，等等。嫌疑犯们一开始都十分紧张，经过同太守一番平静、和缓的对话，心里没有鬼的人，言谈不再拘束，情态也逐渐自然、放松起来。多数人随问随答，侃侃而谈，看不出有什么心理负担。但柳太守也发现有两三个人神情诡秘，故作矜持，说话吞吞吐吐，生编硬造，显然是为了掩盖自己身上的某种不肯让人知道的东西。

经过对嫌疑犯们的辞色的细微观察，柳崇的心里已经明白大半。然后，他才开始转入审案正题。他集中力量对那几个表现极不正常的人进行严厉审问。在他的凌厉而有力的追问下有两个人的精神防线终于崩溃，再也无法抵赖，只得承认是他们合伙盗走了张明的马，为首的贼人叫吕穆，尽管他奸猾狡黠，到底还是暴露了真正面目，受到了国法的惩处。柳崇的智谋干练，使得郡内匪人畏服，社会秩序帖然安定。

（《魏书·柳崇传》）

赵修小人得志　暴富暴亡

我们常用“小人得志”这句话来形容某些暴发户那不可一世的样子。北魏世祖时代的赵修就是一个这样的得志小人。

赵修是赵郡房子（在今河北省高邑县南）人。他的父亲是县里的一个小官吏。他年轻时，只是在太子东宫当一个小吏，侍候太子元（拓跋）恪。他力气很大，很讨元恪的欢心。

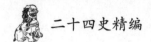

高祖元宏死后，元恪当上了皇上，史称世宗。元恪便让赵修跟着进宫，当了一名侍者，继续伺候世祖元恪。由于他有长期服侍元恪的经验，会邀众取宠，所以一天比一天受宠。世宗登基后，赵修的官位在短短几个月就连续攀升几次。先后被任命的官职就有：员外通直、散骑常侍、镇东将军、光禄卿等等，每次升官，他都要设宴庆贺，世宗亲自到他的家里参加宴会。皇帝带了头，诸王公、卿士、百僚便都跟着世宗参加。世宗还亲自接见他的母亲。赵修能喝酒，每次宴会，连那些王公们也经常被灌得支持不住。

皇帝每次到郊庙去举行祭祀活动，赵修都要陪着皇帝来来去去，骑着高头大马，出入于只允许皇帝和内眷们出入的地方。足见世宗对他的信任和宠幸了。

咸阳王元禧被诛以后，那大量的家财，大部分赏赐给了赵修和另一个宠臣高肇，不用说平常的俸禄、贿赂和掠夺，仅这一次的赏赐，就足以让他成为大富翁了。

其实赵修并非聪敏，不爱读书，不通文墨。但就是这样的人，越是会作那些荒淫无耻的事情。

赵修发迹了，他的父亲也沾了光，被赠为威烈将军和本郡的太守。可惜不久他就死了。百官从王公以下都来吊唁，祭祀用的牛和其他用具堵塞了大门和大街。给他做的石碑、石兽、石柱，都要征用百姓的车给拉送到他的家乡，而费用都是公家给出。发丧用的车上百辆，一路上所需的费用也是公家给出。同时，世宗还宣布，追赠赵修的父亲为龙骧将军。

出殡本是件悲伤的事情。可是，赵修一路上毫无悲戚之容。他和宾客们一路上抢掠妇女，或者扒光了她们的衣服调戏，或者奸污。那些歹徒们鼓噪笑骂，毫无节制。

这一年，世宗又给赵修扩建宅邸，他邻居的房屋很多都被他兼并了。而邻居中那些“自愿”把房屋捐献给赵修的，就会受到破格的提拔。有姓侯的两兄弟，就因为把房基捐献给了赵修，竟被提为一个大郡的长史。

赵修的房舍高大气派，耀眼夺目，标准等同于王公贵族的宅邸。赵修出身低贱，一夜暴富，真是小人得志。尤其是他在葬父过程中的表现，更加令人发指。有一个叫王显的人，原来依附在赵修的门下，后来他也不满赵修的胡作非为，便暗中把他的所作所为记录下来，并向世宗揭发出来。还有几个与赵修一起为非作歹的人，怕受他的牵连，见有人揭发赵修，也争着揭发他的罪恶。

世宗见揭发他的人很多，知道再护着他是很不得人心的，便下诏指责赵修“不识人伦之体，不悟深浅之方”“居京造宅，残虐徒旅”等多条罪状，并下令抽他一百鞭子。由于赵修的民愤很大，执行笞刑的长官挑了五名强壮的兵士，轮着抽他的屁股。说是一百，实际上抽了三百多下。一般的人受了这种刑罚，肯定当场一命呜呼，可赵修竟没有被当场打死，拉他的车把他拉出去八十里以后，他才断气。

（《魏书·赵修传》等）

崔氏以身作则不孝子回心转意

崔氏，不知其名，北魏时人。她生性严明而高尚，且教子有方，并能以身作则教人以孝道，因而在史籍中留下了事迹。

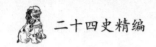

崔氏嫁清河（今山东临清县东北）房爱亲为妻，丈夫早逝，崔氏与儿子们相依为命。她熟读经史，贤惠知礼，丈夫死后，便担起教子读书重任，亲自教授《诗经》、《礼记》等典籍。儿子们在其悉心教育下，不仅学到了知识，更主要的是懂得了立身处世的道理。崔氏的两个儿子房景伯及房景先，都成了当时的名士。因崔氏家中生活贫困，懂事的房景伯很早就开始替人代写文书等，赚钱养家。弟弟房景先见哥哥辛苦，刚刚十二岁，就要求以劳动贴补家用。崔氏见他还小，不肯答应。房景先再三请求，终于得到母亲允许，白天砍柴，晚上诵读经史，不仅减轻了家中的生活压力，学问也大为长进。在崔氏的教育下，她的一家成了一个和睦亲爱、尊老爱幼的美好家庭。

房景伯、房景先后来都立朝为官。房景伯任清河太守时，只要碰到疑难案子，觉得难以决断，便总要向母亲请教。崔氏常为他出谋划策、排难解疑。有一次，有个百姓的儿子十分不孝，房景伯的属下都主张干脆把他抓进官府，治他的罪。房景伯于心有所不忍，但也深为其不孝而伤感，便照例回来请教母亲崔氏。崔氏对房景伯说："人常言，耳闻不如目见。这个老百姓生长山野，没有见过礼教是什么样子，所以不懂得孝敬长辈。何必要责罚他呢？你去把他的母亲接来，跟我一起住，叫他的儿子跟在你身边，让他看看你平时的作为，他也许会自己改掉错误。"

房景伯依从母亲的教诲，将这百姓母子两人接来同住。崔氏和百姓的母亲两人一道进食时，房景伯恭恭敬敬地伺候两位老人家，而不孝顺的儿子则站在旁边，亲眼看着房景伯怎么侍奉长辈。就这样，还没有到第十天，百姓之子就觉得自己太不应该了，主动悔过，要求和他母亲一道回家去。崔氏对房景伯说："虽然他表面上看来已经自己感到惭愧，但还不知道他的内心究竟有没有真正悔悟，就暂时不要让他回家，再留些日子看看吧！"

就这样，百姓母子俩在房景伯家中一住住了二十多天。这时候，不孝顺的儿子真正从内心里悔悟了，他主动叩头谢罪，直至头上都叩得鲜血直流。百姓的母亲也大受感动，痛哭失声，请求放他们母子俩回家去。崔氏见不孝子已经真正悔过，便让母子两人回家去了。这位不孝子彻底改正了自己的错误，不仅如此，而且其孝顺后来竟远近出了名。

崔氏就这样以自己的家庭为榜样，使一位不孝子变成了有名的孝子。

（《魏书·房景伯、房景先传》等）

折箭教子一场空

北魏时，我国西北部有个少数民族部落，叫做吐谷浑。大约在公元405年前后，阿豺被立为吐谷浑的国主。

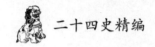

阿豺是个有才能的国君，他自号骠骑将军；又因境内有沙洲数百里，更自号沙洲刺史。在位期间，阿豺兼并羌氐数千里疆域，一时号称强国。后来，阿豺又主动派遣使者到南朝刘宋朝廷，表示愿意依附刘义隆。公元 424 年冬天，刘义隆还没有来得及接受他的依附，阿豺便忽然得了重病。

阿豺卧病在床，自知性命难保，便准备料理后事。他一共有二十个儿子，阿豺将他们全都叫到自己床边，嘱咐儿子们，他死以后，应当奉叔父慕璝为国主，儿子们均答应了。阿豺深知，自己死后，二十个儿子如果能团结一致，一定可保国泰民安；但如二十个儿子互相你争我斗，那部落就难免会走向衰亡。于是，想要趁自己尚在人间，教育儿子们一番。略略思考后，阿豺对儿子们说："你们各自都拿出一支箭来，将它折断。"儿子们遵照父命，各自拿出一支箭，不费吹灰之力便将它一折两断，丢弃一旁。这时候，阿豺又叫在他旁边侍候他的弟弟慕利延拿出二十支箭来，对弟弟说："你也拿一支箭，将它折断。"慕利延轻而易举地照办了。阿豺再对慕利延说："你将其余的十九支箭放在一起，一道折断。"这一次，慕利延使出浑身的力气，累得脸红脖子粗，却再也无法将手中的这把箭一齐折断了。阿豺这才对他的弟弟和儿子们说："你们刚才都看见了，单独一支箭很容易折断，但当所有的箭都束集在一起时，却再也折不断了。这充分说明了一个道理：你们二十个人如果能像二十支箭合在一起那样，协力同心，紧紧集结在一起，我们的部落才能够稳固安定。希望你们同心同德，集结一致!”刚来得及说完这些话，阿豺便去世了。

阿豺死后，慕璝继位为国主。他稍有才略，收服了众多流民，部落得以强盛。待慕璝死后，阿豺的弟弟慕利延继立为国主。十分遗憾的是，慕利延和阿豺的二十个儿子并没有将阿豺临死前对他们的谆谆教诲放在心上。这时候，阿豺诸子和慕利延逐渐产生了矛盾，慕利延杀了阿豺的长子纬代等多人，最后，终于搞得国势不可收拾。阿豺如地下有知，当痛其弟弟及诸子的不遵教诲。

（《魏书·吐谷浑传》等）

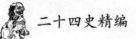

人物春秋

心境悠然　政治宽松——拓跋宏

高祖孝文皇帝，名宏，显祖献文皇帝拓跋弘的长子，母亲是李夫人。皇兴元年（467）八月二十九日，生于平城紫宫。孝文帝生皮肤洁白如玉，并有奇异之姿。在襁褓之中就显示出一种不同凡响的姿态，成人后，深沉，气度从容，仁厚孝顺，充分显露出君临天下者的风范。显祖惊喜万分，对他也就格外宠爱。皇兴三年夏，六月初三，孝文帝被立为皇太子。

皇兴五年秋，八月二十日，元宏在太华前殿即皇帝位，大赦天下，改元延兴元年。

太和十年（486）春，正月初一，孝文帝首次穿戴衮龙袍、冕旒冠，在朝廷上大摆筵席，接受万国使臣的朝贺。

太和二十三年（499）春，正月初一，孝文帝召见群臣，群臣向孝文帝祝寿大病痊愈，于是在澄鸾殿大宴文武百官。五日，孝文帝参观西门豹祠，从漳水乘舟返回。南齐皇帝萧宝卷派太尉陈显达率军进犯荆州。六日，孝文帝命前将军元英率军迎击。八日，孝文帝从邺城出发，二十一日，孝文帝从邺城返回洛阳。二月二十七日，齐将陈显达攻陷马圈戍。三月四日，孝文帝率军南征。八日，因顺阳被南齐军围攻，情况危急，孝文帝命令振武将军慕容平城，率五千骑兵增援顺阳。十日，孝文帝患病，司徒、彭城王元勰留在行宫中照料病情，主持军国事务。二十一日，孝文帝抵达马圈。

三月二十四日，孝文帝病重，北返洛阳，停留于谷塘原。二十八日，孝文帝下诏，赐皇后冯润自尽。命司徒元勰前往洛阳，请皇太子元恪到鲁阳登基即位。

夏，四月一日，孝文帝在谷塘原的行宫逝世。终年三十三岁。辅政大臣们封锁孝文帝逝世的消息，到达鲁阳后，才为孝文帝发丧，护送孝文帝的灵柩返回洛阳。给孝文帝元宏加上“孝文皇帝”的谥号，祭庙的名号称为“高祖”。五月二十一日，将孝文帝元宏安葬于长陵。

孝文帝生性纯厚，四岁时，父亲献文帝拓跋弘身上生疮，孝文帝亲口为父亲吸脓。五岁，父亲把皇位传给他，他悲伤得痛哭流涕，无法自制。献文帝问他为什么哭泣，孝文帝回答说：“接替父亲的皇位，内心过于悲痛。”献文帝听后，感慨万分，冯太后因为孝文帝聪慧英明，害怕他长大以后会对冯氏家族不利，阴谋废掉孝文帝。在寒冬腊月，将身穿单衣的孝文帝关在一所空房子里，三天不给食物，召来咸阳王元禧，想立他为帝，元丕、穆泰、李冲坚决劝阻，冯太后才打消了这一邪念。虽然如此，孝文帝对冯太后却从来都没有怨恨之意，只是对元丕等人深怀感激。孝文帝对他的弟弟们，十分关怀和爱护，自始至终都没有一点矛盾，且与亲戚族人和睦相处，礼尚往来。虽然对大臣们要求严格，执行法纪从不宽容，然而秉性宽厚仁慈，常常原谅别人的无心之过。某次上菜的人用热汤烫伤了他的手，又一次他在食物中吃到了虫子之类的脏东西，他都一笑置之，给予原谅。有个宦官曾在冯太后面前陷害他，太后大怒，命人用棍子打了他几十下，孝文帝默默忍受，并不为自己辩解。冯太后死后，孝文帝对此事并不介意，没有加以追究、报复。

孝文帝处理政事时，能广泛听取意见，从善如流。同情、怜悯百姓，始终想为百姓多做些有益的事。凡举行天地、四季、祖庙的祭祀典礼，孝文帝必定亲自参加，从不因天气的严寒、炎热而有所停滞。尚书省的奏章、提案，孝文帝多亲自审阅处理。文武百官无论官职高低，孝文帝都对他们的情况加以留心，以求尽可能地发挥他们的才干、作用。常常说：“作为君主，怕的是不公平，为人处事不能推心置腹以诚相待；如能处事公平、以诚相待，北方的胡人与南方的越人就可以亲如兄弟了。”孝文帝曾经心平气和地对史官说：“对于当时发生的事，应该真实地记载下来，不要对丑恶、可耻的事情加以隐瞒。君主作威作福，没有人能阻止他，如果史书都不记载他的所作所为，他还有什么可怕的呢！”孝文帝南征北巡时，有关部门奏请修整道路，孝文帝却说：“只要整修桥梁，能让车马通过就可以了，不必铲去杂草平整路面。”凡是修建各种设施，都是不得已而为之，从不兴建那些不是急需的工程项目，以免浪费民力。孝文帝南下淮南时，如同在北方国内一样，遇有因军事上的需要而必须砍伐百姓的树木时，必定留下绢布作为赔偿，从不践踏毁坏百姓的庄稼。所有风俗习惯、祭祀活动，只要是古代典籍上未加记载的，一律废除。

孝文帝非常喜欢读书，甚至到了手不释卷的地步。《五经》中的道理，读过一遍《五经》后便能加以讲解，虽然未经老师专门传授，他却能探寻出其中的精髓与奥妙。诸子百家，史书传记，无不广泛涉猎。喜欢谈论《庄子》、《老子》，尤其精通佛理。孝文帝很有才气，喜欢文学创作，诗赋铭颂，兴之所至随意挥洒。有时就在马上口授军国文告，写成后，不需要改动一个字。自从太和十年以后，所有的诏书、文告，都出自孝文帝的手笔。其他类型的文章，有一百多篇。思贤若渴，礼贤下士，喜欢结交奇人异士。对待贤能之士，按才能的大小，常与他们不同程度地结成布衣之交。心境悠然淡远，不为现实的各种事务所困扰。孝文帝自幼箭法高超，膂力过人。十多岁的时候，就能用手指弹碎羊的肩胛骨。猎射飞禽走兽，箭无虚发。

到十五岁时，便不再杀生，停止了狩猎活动。孝文帝生性节俭，生活朴素，常常穿洗了又洗的衣服。马鞍、马勒只用铁、木制成。孝文帝的闲闻逸事，都是这一类的。

奇才忠贞思报国　历侍王朝五十载——高允

高允，字伯恭，自幼就是孤儿，因此有些早熟，有着非凡的气度，清河人崔玄伯见他后极为惊异，赞叹说："高子内心德行高尚美好，神情文雅明朗，如镜子外照一般，将来必能成大器，而为一代人杰，只可惜我不能亲眼看到了。"在高允十几岁时，祖父去世，他为奔丧回到家乡，把家产交给两个兄弟管理，自己出家作了僧徒，释名法净。不久又还俗。高允生性喜爱文史典籍，身背书籍，不远千里拜师求学。他知识广博，对历史和儒家的经典，以及天文、历法、占卜等学问都很精通，尤其喜爱《春秋公羊传》一书。曾被郡守征聘为功曹。

北魏神䴥三年，世祖太武帝的舅舅阳平王杜超临时代行征南大将军，镇守邺城，任高允为从事中郎，这时他已四十多岁了。当时正值春天，但很多州郡中的囚徒还不能处置，杜超于是命高允与中郎吕熙等人分别前往这些州郡，评议刑罚事务。吕熙等人贪污受贿，尽皆获罪，只有高允一人为官清廉，获得了奖赏。卸官后他回到家乡，以教书为生，学生有千余人。神廍四年，高允与卢玄等人一起被朝廷征聘，封为中书博士。后来升任为侍郎，与太原人张伟一起以侍郎兼领卫大将军及乐安王拓跋范的从事中郎。世祖太武帝的弟弟拓跋范，备受宠爱，他在陇西镇守长安时，曾得到高允多方面的扶正和帮助，大受裨益，深得秦地人民的拥戴。不久，高允被征召回朝。高允曾作过一首《塞上翁诗》，诗中饱含辛酸苦辣，抒发了他以往得意与失落之情。骠骑大将军，乐平王拓跋丕西征上邽时，高允又以侍郎的身份参议拓跋丕军中的作战事务。有关的事迹收在《乐平王丕传》中。魏军平定凉州后，高允因参议谋划有功，被赐汶阳子的爵位，兼领建武将军。

此后，魏帝颁诏令高允与司徒崔浩共同著述国史，写成《国记》，兼任著作郎。当时，崔浩召集了很多通晓天文历法的人，考证校定自汉代建国以来日食月食和金木水火土五星的运动行度，并检查旧史中的失谬，另外制定了魏国的历法，然后拿给高允看。高允说："天文历法不能作毫无证据的空谈，要想将距今很远时代的天象推算准确，必须首先检验对距今较近的时代的天象的推算结果。况且汉代元年仲冬十月，金、木、水、火、土五星汇聚在东井宿的说法，实际是对历法的浅薄不识之论。今天我们讥笑汉代的史官，却察觉这种说法的错误，恐怕将来我们的后人会象我们现在讥笑古人一样地讥笑我们了。"崔浩说："你所说的谬误指的是什么？"高允道："考查

《星传》，金、水二星常常在距太阳很近的地方运行。仲冬十月的凌晨，太阳运行到尾宿和箕宿附近，黄昏时从西南方落下，而东井宿此时正从东北方升起。有什么理由说金、水二星会跑到正对着太阳的最远的地方运行呢？这是因为史官想神化，所以不再依据天象运动的规律来推算的结果。”崔浩说：“想要改变天象并没什么不可以，您难道不怀疑木、火、土三星能汇聚在一起吗？为什么只对金、水二星的往来运行感到奇怪呢？”高允道：“这些事不可以作没有根据的争论，最好还是深入地研究一下为好。”当时在座的人都感到奇怪，只有东宫少傅游雅说：“高君擅长历法，他的说法应当是有根据的。”过了一年多，崔浩对高允说：“过去我们争论的问题，我并没有认真的思考，后来经过进一步的考证研究，确实象你说的一样，五星应提前三个月汇聚在东井宿，而不是在十月。”他又对游雅说：“高允的学问如此精深，我却不知道，就象钟阳元不知魏舒的箭法高明一样。”于是大家对高允的才识尽皆臣服。高允虽然精通历法，但最初并不做推算，而且对于自己的这种谨慎做法很有说辞。只是游雅屡次向他请教有关灾害和奇异天象的问题。高允说：“古人说过，真正了解一件事并不容易，已经了解了又怕了解得不全面，因此还不如不了解。天下玄妙的道理极多，怎么能问这些事呢。”游雅不再提问。

不久，高允在作本官的同时兼作了秦王拓跋翰的老师。其后，世祖让他教授恭宗学习儒家经典，受到了很高的礼遇。同时又令高允与侍郎公孙质、李虚、胡方回共同议定法令条文。世祖推荐高允参与讨论刑罚和治国之策，他的见解非常符合世祖的主张。于是世祖向他征询道："国家政务繁多，应最先处理什么事呢?"当时全国的土地多遭封禁，而且京城中不靠务农而吃饭的人非常多。因此高允说："臣自幼穷苦，只懂得种地，请允许我谈论农业的事情吧。古人说：一平方里的土地可开垦良田三顷七十亩，一百平方里的土地则可开垦良田三万七千顷。如果辛勤地耕耘，每亩就可以增产三斗粟米，如果懒惰则会减少三斗。这样一来，一百平方里的良田，增产或减产粟米的总数就可以达到二百二十二万斛，况且天下的良田如此广大，增产或减少的粟米又该有多少呢？如果官府和农户都有积蓄的粮食，那么即使遇上饥荒的年景，又有什么可担忧的呢?"世祖认为这个想法非常好。于是解除对土地的封禁，把良田都授给了农民。

曾经，崔浩举荐提拔了冀、定、相、幽、并五州的数十人，初次为官就当了郡守。恭宗对崔浩说："在他们之前已经征聘了很多人，也是从各个州郡中选拔的，这些人在职的时间长，勤勤恳恳地工作，但未能得到任何报答。现在可以先把过去征聘的人补充到其他郡县任职，然后以新征聘的人代行郎吏一级的官职。而且郡守县令要管理民众，所以最好任用那些经历丰富的人。”崔浩与太子恭宗争辩，并派遣了他自己选拔的那些人。高允听说此事后，对东宫博士管恬说：“崔公不能幸免了！如果他非要以他的这种错误做法来和殿下较量，并要争个胜负，怎么还能平安度日呢？”

辽东公翟黑子深受世祖的恩宠，他奉公出使并州时，竟收受上千匹布的贿赂，事情很快败露。于是黑子来向高允请教对策，他说：“如果圣上向我问及此事，我是自首伏罪呢，还是避而不答？”高允道：“公是朝廷中的宠臣，回答圣上的提问时最好说实话。并且要告诉圣上你对朝廷的忠诚，这样你的罪就不会太大了。”而中书侍郎崔览和公孙质等人却不这样认为，他们都说，一旦自首从实招认，获罪大小实在无法测度，因此最好是回避不说。黑子认为崔览等人更关心自己，反而愤怒地对高允说：“按您说的去做，简直就是引诱我去送死，如果真是这样，为什么不直说呢！”于是就这样与高允绝交了。后来，黑子在回复世祖的提问时没能说实话，终于被世祖疏远，最后获罪而遭杀戮。

当时，著作令史闵湛和郄缮因性格奸佞，巧言奉迎，深为崔浩所信任。他们看到崔浩注的《诗经》、《论语》、《尚书》和《易经》后，立即上书魏帝，声称马融、郑玄、王肃和贾逵等人，虽然都注释讲述过《六经》，但都存在疏漏和错误，不如崔浩的注解精辟。建议广泛搜集国内的各种书籍，藏入官府。

然后颁行崔浩对儒家经典的注解，让天下人学习。并请求魏帝降旨，让崔浩注解《礼传》，使后人能够了解正确的经义。崔浩也上表推荐闵湛，称他有著述才能。而后，闵湛又劝崔浩把他所撰写的国史刊刻上石，以便流传万世，他的目的是想使崔浩撰写国史时秉笔直书，对拓跋部的事迹记录得既详备又不雅观的情况得到更充分的表现。高允听说此事后，对著作郎宗钦说："闵湛所做的一切，分寸之间，恐怕就会导致崔家遭受百年不遇的大难。我的门徒中可没有这种人。"不久，大祸降临了。

当初，崔浩被拘捕后，高允则在中书省内值班。恭宗派东宫侍郎吴延去叫高允，并把他留在宫内暂住一夜。第二天，恭宗要入朝拜见世祖，让高允同往。走到宫门前，恭宗对高允说："入朝后当见到圣上的时候，我自然会引导你的。倘若圣上有事问你，你只管依着我的话说。"高允问恭宗："为了什么这样做呢?"恭宗说："进去自然就知道了。"入朝后见到了魏帝，恭宗说："中书侍郎高允自在臣的宫中以来，已共同相处了多年，他做事小心谨慎而且周密，臣非常了解他。虽然他与崔浩同做一事，然而高允低微，都是听从崔浩的主张。请饶恕他的性命吧。"世祖把高允叫到面前，对他说："《国书》是否都是由崔浩撰写的呢?"高允答道："《太祖记》是前著作郎邓渊所撰。《先帝记》和《今记》是臣与崔浩共同撰写的。然而崔浩多做综合的工作，只是统筹裁定而已。至于史中注解疏证的部分，臣做的比崔浩多。”世祖听后勃然大怒，说道：“这个罪比崔浩还重，怎么能留他活路！”恭宗急忙说：“高允是小臣，见到圣上威严庄重的样子，就语无论次了。臣曾经详细地问过高允，他每次都说是崔浩写的。”世祖问高允：“果然如太子所说的吗?”高允答道：“臣才质平庸，著述写作时谬误百出，冒犯了天威，此罪理应灭族，如今臣已甘愿受死，所以不敢不说实话。殿下因为臣长期为他讲习授课，所以可怜臣，为臣祈求活命。其实他并没有问过臣，臣也没有说过那些话。臣回答圣上的都是实话，不敢心神无主。”世祖对恭宗说道：“正直啊！对一个人来说，这已经是很难做到的了，而且能够至死不移，不就更难了吗！而且他说之话都是实话，真是忠臣啊。就为他的这些话，我宁愿不追究他的罪，最好还是宽恕了他吧。”高允终于被赦免了。世祖于是把崔浩叫到面前，让人诘问他。崔浩非常惶恐，不能答对。而高允却对每件事情都能郑重说明，有条有理。所以当时世祖更加生气了，命高允撰写诏书，自崔浩以下，僮仆及小吏以上，共一百二十八人，均夷灭五族。高允迟疑着没有动笔，世祖则频频下令急切地催促。高允祈求再次拜见圣上，然后再动笔撰写诏书，于是世祖把他叫到跟前，高允说道：“崔浩所犯的罪，如果还有除著述国史之外的其他什么原因的话，那不是臣胆敢知道的。倘若只因国史一事，那么，秉笔直书，坦率写作虽然对朝廷有所触犯，但也还不至于处死呀。”世祖勃然大怒，命武士将高允拘捕起来。恭宗赶快为高允请罪。世祖说：“如果没有这个人对我表示忿然不满，早就有几千人被斩了。”崔浩最后终于被杀，而且灭了五族，其他人也都惨遭杀戮。宗钦在临死之前，曾感叹说：“高允或许是个圣人吧！”

事过之后，恭宗责备高允说：“人应当能够把握时机，审时度势，不能审时度势，书读得再多又有什么用呢？那时候，我一开始就引导卿回复圣上的提问，为什么不顺着我的话说，以至于把圣上气成那个样子。每当想起此事，就让人心惊肉跳。”高允说：“臣是出生于东方荒野中的凡夫俗子，本来并没打算做官。恰遇上太平盛世，在朝廷征聘贤士的时候，也就应选了。于是脱去布衣，穿上官服，在中书省任职，而且还经常在麒麟阁参与校勘典籍。那些白拿着朝廷的奉禄而又不做事的官员都很荣耀，而真正有才干的人却被压制不能任用，这种局面已经太久了。史书乃是帝王行为的真实记录，是为后代留下的一个明确鉴戒，这样才能使今人可以了解古人，而后人也可以了解今天。正因为言行举止都要详细记载，所以帝王的行为才要格外谨慎。然而崔浩一家虽世代都蒙受朝廷特殊的礼遇，在当时是非常显赫的大族，但他辜负了圣上对他的恩宠，自取灭亡。但即使对崔浩的这些做法，在当时也还是有值得讨论的余地的。崔浩才智疏弱，却担负着栋梁般的国家重任，在朝中他没有正直的节操，在家中难与亲人和睦相处，个人的贪欲早已使他忘记了廉洁之本，个人的爱憎早已取代了正直与真理，这些都是崔浩的责任。但是，至于记录朝廷日常生活的种种事迹，谈论国家事务的正确与失误，这些却也都是史书中的要点，与事实不可违背太多。然而，臣与崔浩实际上共同参与此事，不论生死荣辱，按理说两人本不应该有什么不同，实在是由于蒙受了殿下的极大关怀，才违心地苟且幸免，这并非臣的本意。”恭宗听后非常感动，赞叹一番。高允后来对人说，我没有接受太子的引导，是唯恐辜负了翟黑子，因为当初我就是这样教导他的，所以现在我自己也应该这样做。

恭宗临去世的几年前，对自己身边的人非常亲近，私自营造田园，获取财利。高允规劝他说：“天地没有私欲，所以天能够覆盖着大地，而大地能够生长万物；帝王没有私欲，所以能够包养天下。过去贤明的君主，都以极公正的态度从政治民，所以把金银留藏在山中而不去开采它，把珍珠留藏在深水中而不去捕捞它，用这些事实将自己的无私昭示天下，用自己的节俭教诲天下人。所以赞美之声四起，万代传颂。今天，殿下作为国君的继承者，四海归心，您的言行举止，将成为天下人效法的榜样，而您却营造私人田园，畜养鸡犬，甚至在市集上贩酒，还与市民讨价还价，以至到处流布着各种议论。天下乃是殿下的天下，您富有得享有了四海之内的一切，还有什么想要而得不到的呢，有什么欲望不能满足呢，反而去和那些男女商贾争夺蝇头小利。从前虢国将亡之时，神从天上降临了，赐给他们土地田园，最后竟丧失了国家。汉灵帝不学习君主的庄重威严，而喜欢与宫中的人摆摊贩卖，自己建立了府库，经营小利，最后使国家发生了颠覆混乱的灾难。前车之鉴，非常可怕呀。一个作君主的人，在选择用人时必须慎重，仔细观察。所以人们把知人善任叫作哲，这一点对于帝王来说是困难的。《商书》说：‘不要接近小人’，孔子也说过，你亲近了小人，他就会对你无礼，你疏远了小人，他就会怨恨你。武王亲近周公、邵公、姜太公和毕公，所以能称王天下。殷纣王亲近飞廉、恶来，因而灭亡了国家了。纵观古今的社稷存亡之际，没有不是由于亲近小人所致。现在殿下总发自内心地感叹缺少人才，实际上贤达之人并不少。近来在您身边侍奉您的那些人，恐怕都不是治国安邦的材料。所以希望殿下能够稍微倾听一下臣的话，远小人近贤臣，把归自己所有的田园分给贫苦的人，找准时机把畜养和贩卖之事也结束了。只有这样，听到赞美之声的那一天才会到来，而指责之声也就可以平息了。”恭宗并没有接受高允的劝告。

恭宗死后，高允很久都没有入宫进见圣上。后来世祖召见他，高允入宫时，一上台阶就抽泣，悲痛不已。世祖见此情景，也跟着哭了，并命高允出使，离开京城。朝臣们都不知因为什么缘故，彼此说道："高允没遇到什么值得悲泣的事呀，让圣上如此哀伤，究竟为什么呢?"世祖听到后，把他们召呼过来说："你们不知道高允的悲痛吗?"朝臣们说："臣等看到高允不说话，只是哭泣，而陛下为这事很悲伤，所以偷偷地说几句。"世祖说："崔浩被杀时，高允也应当一同处死，由于太子苦谏，才得以幸免。今天太子不在人世了，高允看到我因此很悲痛。"

高允后来上表说："前些年圣上下诏，命臣汇集各种天文及灾异现象，并与人间的各种事情相互联系，既要精练又要值得一看。臣听说箕子陈述治国的方略而写成《洪范》，孔子讲述鲁国的历史而著成《春秋》，这些都是宣扬各种治国安民的法规、恭敬地观测天象的例子。所以，根据人们行善还是做恶，天马上就会作出反应而出现灾难或奇异的天象，随着人们的成功或失败，天马上也会应验而降临灾祸或福禄。天与人其实相距很远，但所得到的报应，却象回声一样快，真是太可怕了。古往今来，历代帝王之中，没有一位不尊崇这个天人感应的规律，并以这个法度作为考核的标准来整饬国家，修德行善的。在此之后，史官都要把那些事情记录在案，以便作为行动的戒鉴。汉成帝时，光禄大夫刘向见国家的命运将有危难，权力旁落外戚手中，所以屡次上表陈述出现了妖异天象，但都未被采纳。于是以《洪范》和《春秋》二书中有关上天已对人间的恶迹有所报应而出现了灾异天象的内容加以解释，希望以此使君主有所触动而醒悟，但皇帝终究还是没有对现状进行治理察问，最后终于灭亡了国家。这难道不是很悲哀的吗！尊敬的陛下，您的神威与武功效法皇天，英明而远见灼识，并以非常恭敬的态度来考查古代，一切都按照传统的规矩行事，对古代的言论行为，无不深入地鉴别品评，这些都是先帝所不及的。臣才疏学浅，孤陋寡闻，恐怕没有能力为圣上开扩见闻，使您有所裨益，并且恭敬地实现您英明的意旨。今天臣郑重地依照《洪范传》、《天文志》，将其中有关事实的要点摘出，并加以汇集，省略掉那些修饰性的言辞，一共录成八篇。”世祖阅后认为很好，说道：“高允对灾异现象的精通程度，难道不如崔浩吗？”到高宗即位以后，高允辅佐新君，表现出很高的谋略。当时，司徒陆丽等人都受到了重赏，而高允却没有受到什么奖励，对于此事，他至死都没有一句怨言。这些事情表现了他对朝廷的忠诚，为人谦逊而不好夸耀的品行。

给事中郭善明，生性机智乖巧，想在皇帝面前显示一下自己的才能，劝高宗大兴土木，营建宫殿。高允劝阻道：“臣听说太祖道武皇帝在平定天下之后，才开始营建都城，但所有的工程，不等到农闲的时候绝不动工兴建。现在国家已经建立很久了，各种宫室都已建造齐备，永安前殿足可以让君主接受万国宾客的朝见，西厢温暖的房间也足可以安置侍奉圣体，登上紫色的楼阁临望，远近可一览无余。如果大范围地修建雄伟华丽的宫殿，目的只是为了奇异好看，那最好还是慢慢地建，不可仓促行事。统计起来，修建这些宫殿，斫制石木材，运送土方，以及各种杂劳役，总共需要二万人，壮年男子承担这些劳役，老人小孩送水送饭，总计则达四万人，而且需要半年时间才能完成。古人说过：一个男人不耕种，就会有人挨饿；一个妇女不织布，就会有人受冻。何况数万人之多，所造成的损失和浪费就太大了。回首想想古代的事实，再来检验今天，必然会得到同样的结果。圣上确实应该再考虑考虑为好。”高宗采纳了这些建议。

高宗继承了太平事业，但依旧沿袭着鲜卑的风俗习惯，婚丧嫁娶都不遵循中原的传统仪式，于是高允规劝道：

先帝在世之时，多次颁发圣明的诏令，婚姻嫁娶之时不得演奏音乐，送殡埋葬之日也不得唱歌、击鼓跳舞、杀牲和焚烧祭品，这一切都要禁止。虽然这些规定已颁布了很久，但风俗仍然没有改变。而且由于身居高官的人不能改悔，平民百姓也渐渐习惯而成为风俗，对人民教育的荒废，竟到了今天这般地步。过去周文王在百里大小的侯国中，不论整饬德政民风，还是颁布政令，首先从自己和妻子做起，而后再要求他的兄弟，最后才到天下的百姓，终于占有了三分之二的天下。这表明统治者无论做什么事，都要首先从自己和亲人做起。《诗经》说："教育你的亲属行善无恶，天下人就都会效仿了。"所以，君主的一举一动不可不谨慎啊。

《礼记》说：有女儿出嫁的人家，三日燃烛不灭；迎亲娶妻的人家，三日不能奏乐。今天各王纳室娶亲，都由乐部供给艺伎，以供嬉戏玩耍，却反而单对平民百姓横加禁止，不许奏乐，这是第一件怪事。

古代婚娶，都选择有道德节义的人家，细心挑选贞洁贤淑的女子，先要请人说媒，接着再下聘礼，对邀集的幕僚和朋友要注重他们身份的区别，亲近那些乘车的客人，崇尚他们端庄肃穆的仪态，婚姻大事，就是这么难。可是在今天，诸位宗王年仅十五岁就赐给了妻室，离家单独居住了。然而配给妻子的宗王们，长幼不分，胡作非为，而与宗王婚配的人，尽是些嫔妃宫女。自古以来，没有比这更过分的违礼之事了。近几年来，频频有人揭发和检举这种违礼之事。如果真是诸位宗王因饮酒无度而受到责难，事情的缘起，也都是由于他们的妻子因年老色衰而遭到抛弃，从而造成了这种纷乱的局面。如今皇子所娶的妻室，多出自嫔妃宫女之中，但却反要天下的平民百姓必须依照礼制的规定婚嫁，这是第二件怪事。

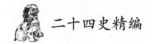

万物生长，最终皆亡，古代贤明的先王制定了礼制，用来养生送死，这是符合人情道理的。如果毁灭生命而自寻死路，

那就是圣人禁止的了。然而，埋葬的意思就是藏匿，死去的人不可能再出现了，所以要把他们深深地藏匿起来。过去帝尧被葬在谷林，农民并没有因此而迁徙到别的土地上去耕种；帝舜被葬在苍梧，商人也没有被迫到别的地方去做生意。秦始皇倒是营建了地下冥城，把它的基础牢牢地固定于三泉之上，所用的金玉珍宝不可计数，但他刚死不久，尸体就被焚烧了，墓穴就被盗掘了。可见，尧舜的俭朴，秦始皇的奢侈，谁是谁非一目了然。现在国家营建陵墓，花费上亿的银钱，一旦烧了，不也同样成为一片灰烬。如果奢侈浪费对死者有益，为什么单单古人不这样做呢。如今圣上不停地营造茔域，却坚决禁止平民百姓有所兴建，这是第三件怪事。

古代丧礼祭礼，为代替死者受祭，必须立尸，用来辨别左昭右穆的次序，使死者有所依凭，致行献食之礼。如今死者被埋葬之后，人们干脆直截寻找一位与死者相貌相似的人，死者是父母，就象对待父母一样地侍奉他，死者是配偶，则与他象夫妻一样相互恩爱。伤风败俗，亵渎人伦，混乱礼制，没有比这更厉害的了。朝廷不加禁止，百姓也不改易杜绝，这是第四件怪事。

宴飨之礼可以规定礼制仪式，教诲臣民，所以圣贤的帝王都重视它。礼制之严甚至到了酒杯满了就不能喝，饭菜不新鲜就不能吃，音乐不是合乎规范的高雅之声就不能演奏，食物不是纯正的货色就不能摆上宴席。而如今在大宴宾客的时候，宫廷内外的人都混杂在一起，因醉酒而喧闹不休，毫无礼仪可言。同时让滑稽小丑做粗俗表演，玷污人们的视听。朝廷长期形成了这种坏习惯，反到以其为美，而斥责纯洁素朴的风尚，这是第五件怪事。

今天，陛下作为历代帝王中最后的一位，因袭了晋代动乱而遗留的弊端，反而不加以矫正厘定，鞭挞陋俗，臣只怕天下的百姓，永远也见不到传统的礼仪和道德了。”

高允不止一次地这样劝谏高宗，而高宗也都能从容静听，有时因直言过激而有所冒犯，高宗实在不入耳，就让身边的人将他搀扶出去。只要在不便当众劝谏的情况下，高允就要求到内宫拜见高宗，高宗深知高允的心意，总是预先在屏风旁迎接他。高允得到很高的礼遇和尊敬，早来晚走，有时接连几天都住在宫里，大臣们都不知道他们在议论些什么。

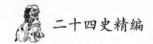

一次有人上书，历陈朝廷的得失，高宗将表章翻看了一遍，然后对群臣说：“一国之君就是一家之父，父亲有了错误，作儿子的为什么不写成表章，在人群之中当众劝谏他，让大家都知道他的坏处，而是躲在家里私下处理呢。这难道不是对父亲的爱戴，而恐怕家丑外扬吗？如今国家有了善举或恶行，作为臣子不能当面陈述，却要上表在大庭广众之下劝谏一番，这难道不是宣扬君主的缺点，而标榜他自己是多么正确吗。象高允那样的人，才是真正的忠臣。朕有了错误，他常常以正直之言当面辩论，说到朕所不爱听的时候，仍然能侃侃而谈，毫不回避迁就。朕认识到了自己的过错，而天下的人却不知道朕曾受过规谏，这难道不是忠诚吗！你们这些人常在朕的左右，朕却从来没有听到过你们当面对朕说过一句正直的话，只是趁朕高兴的时候祈求官职。你们这些人手持弓箭和刀斧，侍奉在朕的身边，只有白白站立的苦劳，却全都作了王公贵族。而高允手持一支笔，纠正国家的偏失，却只不过是个小小的著作郎。你们难道不感到羞愧吗?”于是，高宗封高允为中书令，同时还让他象过去一样著述校勘。司徒陆丽说：“高允虽然得圣上恩宠，但他家境贫寒，衣着俭朴，妻子儿女身份都很寒微。”高宗气愤地说：“怎么不早告诉我！今天朕要重用他了，才说出他家境贫寒。”当天，高宗亲自来到高允的家，看到只有草房若干间，房间里是粗布做的被子和乱麻做成的袍子，厨房中也只有咸菜而已。高宗感叹地说：“古人的生活难道比得上这样清苦吗!”当即赐给高允丝帛五百匹、粟米千斛，封高允的长子高忱为绥远将军、长乐太守。高允再三表示坚决辞让，高宗没有同意。当初与高允一起被征聘的游雅等人，多已拜官封侯，甚至高允手下的百十名小吏，也都作到了刺史郡守一级的职位，而高允却作了二十七年的著作郎，没有升官。当时朝廷中的官吏没有俸禄，高允就经常让他的几个孩子砍柴伐木，维持生计。

当初，尚书窦瑾因获罪而遭诛杀，他的儿子窦遵为避难逃亡到了山泽之中，窦遵的母亲焦氏也因此而被囚禁在县府。后来，焦氏虽因年老而得到赦免，但窦家的亲友之中竟没有一个人愿意赡养她。高允便把她留在自己家里保护赡养。六年之后，窦遵得到赦免后才将老母接走。高允的行为就是这样敦厚。后来，高允转作了太常卿，同时还继续担任中书令他上奏《代都赋》，用以规劝讽谏，此文也属于汉代张衡《东京赋》和《西京赋》之类的作品，但内容多没有保存下来。当时，中书博士索敞与侍郎傅默、梁祚讨论人的名与字的尊卑贵贱，著述议论纷纭杂乱，于是高允撰写了《名字论》，为人们解惑释疑，他引经据典，论证翔实。后来他又在任中书令的同时兼领秘书监，解除了太常卿一职，并晋封爵位梁城侯，加官左将军。

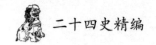

以前，高允与游雅及太原张伟同是同学而成了朋友，游雅曾评价高允说："爱发怒的人，一生中就不可能不发怒。而过去的史书中记载的卓公心胸宽阔，文饶大度海量，心地狭窄的人或许不相信有这种人。我与高子相交四十年了，却从来没有见过他为事情的对或错而面露喜怒之色，不也就相信了。高子内心文德辉耀，外表柔弱，说起话来迟迟不能出口，我常叫他'文子'。崔公曾对我说：'高生博学多才，为一代佳士，只是缺少点勇武的风度气节'当时我也这么看。可后来发生的事却并非如此。司徒的国史罪，只不过因一点小事所引起，但到圣上降诏责罚的时候，崔公竟声音也嘶哑了，腿也发抖了，连话都说不出来，宗钦和比他职位低的官员都吓得爬在地上，大汗直流，个个面无人色。而高子却详细地叙述事理，申明是非，言辞清晰明辨，声音高亢洪亮。圣上被他的行为所感动，在场的人也没有不称赞他的。他以仁厚之心对待同僚和朋友，保佑他们大吉，过去一向所说的勇武，比高允的行为又怎么样呢？宗爱依仗着权势，肆无忌惮，名声威振四海。他曾在大臣议政之处召见百官，宗王公侯及各级官员，只要看见他的殿庭就全都下拜，只有高子直到走上台阶后才长揖见礼。由此可见，汉代的汲长孺能躺在床上接待卫青，又有什么有悖于礼仪的呢！过去一向所说的风度气节，难道不就是说的这些吗？了解一个人本来就很难，被别人了解就更难了。我仅了解高允的外表，却不了解他的内心，而崔公竟连他的外表也不了解。钟子期遇见了俞伯牙，从此不再听琴，管仲一看到鲍叔牙，眼睛都亮了，确实是有原因的啊。”高允就是这样为世人所推崇。

高宗很尊重高允，常常不叫他的名字，而一直称呼他“令公”。于是“令公”之名传布得很广。高宗死后，显祖住在守丧的地方，乙浑趁机独揽朝政，密谋策反，危胁着国家的命运。文明太后杀了他，召高允到宫中，参议决定国家的大政方针。又下诏对高允说：“近来，学校长期得不到修建，市肆衰落，学业荒废，青年们的叹息之声，在今天又重新出现了。朕已继承管理了这个伟大的事业，天下安宁，根据过去的制度，想要在郡国设立学校，使学习这项事业能够得以继续传授。卿是儒学宗师，开国元老，以您现在的名望和多年的德行，最适合与中书省和秘书省的官员参议此事，以便传布。”高允表奏道：“臣听说象筹划治国大事这样的重要事业，必须首先对人民进行教育和培养；所有的秩序以及九类大法，也都是由于以礼德教化进行统治而形成的。所以，辟雍照耀着周代的《诗经》，而泮宫则是《鲁颂》中显要的内容。自永嘉之乱以后，已有的典章制度都被破坏了。乡闾之间再也听不到吟诵《雅》、《颂》的声音，京城都邑再也看不到释奠拜师的礼节。道德沦丧，事业衰落，已经有一百五十年了。每当尊敬的先王想要效法过去的典章制度之时，都要治理和提倡纯朴的风尚，只要制定的方案切实理想，很快就能够使局面恢复。陛下恭敬地处理政务并注意节约，明察是非，建立了丰功伟业，天下安宁，百官都能服从领导。为使祖宗的遗志得以发扬，已绝迹的周代礼制得以复兴，于是大发仁德之声，思考着创立新的礼乐法度及文章教化。不论达官显贵还是庶民百姓，都会为此而感到异常欣慰。臣承蒙圣上降旨命令，将中书、秘书二省的官员召集到一起，披阅览读历史典籍，详细研究典章制度和法度准则，随时随地督促儒者们努力从事他们的事业，重视学问而专心于他们的学说。这个圣明的诏令，综合汇集了古代的理义。遵照圣旨，注重建立学校，以便重振风俗教化。这样就能使先王业迹的光辉照耀未来，盛美之音流传天下。臣请求建立这样一种制度，大型的郡设立博士二名，博士的助手四名，学生一百名；次大的郡设立博士二名，助手二名，学生八十名；中型的郡设立博士一名，助手二名，学生六十名；小型的郡设立博士一名，助手一名，学生四十名。博士要选拔录用那些广泛涉猎儒家经典，一生的经历忠诚清白，能够为人师表的人，年龄要在四十岁以上。选拔录用助手的标准与博士相同，年龄在三十岁以上。如果道德修养高尚又大器早成，他的才华足以使他担任教书授业的工作，那么则不限于年龄。学生则挑选那些家世清白，受人敬重，行为美好谨慎，能够遵循礼教的人。首先将富贵人家的子弟全部录取，然后再录取通过考试的人。”显祖听从了高允的建议。自此开始，郡国之内开始设立了学校。

后来，高允因为年老有病，多次请求辞官，皇帝没有同意。于是他写了《告老诗》。又因为昔日一同被征聘的同僚故旧，如今多已故去，他感叹时光的流逝，怀念故人，于是作了《征士颂》，颂文中只写了那些应聘在朝廷作官的人，其余未能入聘者则没被录入。对这批贤达之士，也只是简单列举了他们的生平事迹。现将颂文抄录于后：

中书侍郎、固安伯范阳人卢玄，字子真

郡功曹史博陵人崔绰，字茂祖

河内太守、下乐侯广宁人燕崇，字玄略

上党太守、高邑侯广宁人常陟，字公山

征南大将军从事中郎勃海人高毗，字子翼

征南大将军从事中郎勃海人李钦，字道赐

河西太守、饶阳子博陵人许堪，字祖根

中书郎、新丰侯京兆人杜铨，字士衡

征西大将军从事中郎京兆人韦阆，字友规

京兆太守赵郡人李诜，字令孙

太常博士、钜鹿公赵郡人李灵，字虎符

中书郎、即丘子赵郡人李遐，字仲熙

营州刺史、建安公太原人张伟，字仲业

辅国大将军从事中郎范阳人祖迈

征东大将军从事中郎范阳人祖侃，字士伦

东郡太守、蒲县子中山人刘策

濮阳太守、真定子常山人许琛

行司隶校尉、中都侯西河人宋宣，字道茂

中书郎燕郡人刘遐，字彦鉴

中书郎、武恒子河间人邢颖，字宗敬

沧水太守、浮阳侯勃海人高济，字叔民

太平太守、平原子雁门人李熙，字士元

秘书监、梁郡公广平人游雅，字伯度

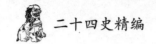

廷尉正、安平子博陵人崔建，字兴祖

广平太守、列人侯西河人宋愔

州主簿长乐人潘天符

郡功曹长乐人杜熙

征东大将军从事中郎中山人张纲

中书郎上谷人张诞，字叔术

秘书郎雁门人王道雅

秘书郎雁门人闵弼

卫大将军从事中郎中山人郎苗

大司马从事中郎上谷人侯辩

陈留郡太守、高邑子赵郡人吕季才

历代帝王治理百官，无不积蓄网罗各种有才能的人，以便使统治之术更加高明有效。周文王因为任用了众多的贤达之士才能使天下安宁，汉武帝因为得到了贤者的辅佐才开创了盛世这些事迹都被记载于史籍之中，也都是自古至今最普通的道理。魏朝自神䴥年间以来，国内太平安定，诛灭了享有几代非法统治的赫连氏，扫清了在极其荒僻遥远的地方肆意妄为的贼寇，向南攻破了江南的楚地，向西荡涤了凉州之地，域外不同地方的民众，都仰慕魏朝的盛德大义，纷纷前来归顺。自此，国家偃戈息鼓，停战罢兵，重建礼教，创立学校，广罗俊才异秀之士，用他们应接咨询国家政事。真是日夜梦想着贤达睿哲之人，恨不得马上就能见到他们，四处寻访，只是为了能够求得才智超群的人。当时，大家都异口同声地称赞范阳人卢玄等四十二人，他们全是官宦的后代，在地方上都享有盛名，有辅佐之才。陛下亲自颁发圣旨，征聘卢玄等人，留着官位等待他们去做，空着爵位等着封给他们，他们之中的三十五人入朝做了官，其余的人虽依照规定而没有被州郡聘用，但其才干也同样不可估量。那时，满朝英杰俊士，人才济济，一派美好兴盛景象。昔日臣与他们一同承蒙朝廷的举荐步入仕途，要么从容出入于朝廷议论政事，要么随意集聚到家中尽情娱乐，大家都以为，千载难逢的机会就从那时开始了。但时间流逝，吉凶相迭，共同被征聘的人中，由于年老或丧亡，如今差不多都已去世。今日尚健在的虽还有几位，但也天各一方，终难相见。往日的欢乐，今天却变成了悲伤。张仲业东行到了营州，多么希望他能回来一起倾心畅叙，在垂殁之年整装相聚，在桑榆之际感怀情谊。但仲业也不幸去世了。如今，朝中的百官都是晚辈，左邻右舍也都是陌生的面孔，进入宫廷没有寄托自己心意的场所，里里外外也没有让人解颜欢笑的地方。顾盼着自己的这副躯壳，所以只好永远叹息不止了。一篇颂辞可以赞美品德高尚的人的形象，也可以畅所欲言，寄托自己的情怀。我已有二十年没有作文章了：但事情急切，总挂念在我心上，怎么能沉默不语呢？于是为他们作了颂辞，颂辞说：

祥瑞紫气冲九天，群雄并起乱华夏，君王恭谨往征伐，屡驾战车飞跃马。扫荡流寇草莽贼，戬除邪恶与妖霸，四海之内合风俗，八方之中兴教化。刑罚教化量无际，天下安宁且同一，偃戈藏兵息战事，唯建礼教勤思虑。圣帝广求旷世杰，询访荐举能与贤，投竿垂钓山隐士，奇异才人同出现。

勤勉不倦卢子真，器量宏大心地纯，钻研学问德为准，研习六艺依据仁。旌旗弓矢应征选，换上官服除布裙，手提衣襟走上朝，良谋佳策日日陈。自东至南勤出使，跃马扬鞭独驰骋，北燕冯弘来归顺，南朝刘宋和如亲。

茕单影孤崔茂祖，年幼丧亲遭不幸，严于律己多努力，重振旗鼓家道兴。专心勤勉习《六经》，遨游文藻辞章明，高官厚禄终辞谢，平静自保一清心。

燕崇常陟重诚信，言行高尚靡有失，不求苟且升官爵，任其自然去留职。淡泊谦和又节俭，与事无争善推辞，思念贤哲乐于古，如饥似渴求知识。宁静致远高子翼，悟性高好李道赐，以礼相约结为友，和谐共处如抚琴。并肩参议万机事，清官为民施善行，悠闲自得度日月，聊以寄托两颗心。

审时度势许祖根，谋深智富逞才能，上仗皇恩功名就，下靠德友情谊重。功勋建树虽然晚，福禄享受实先行，同辈旧臣与故友，位居群后是此人。孤身独立杜士衡，扪心自问无愧疚，不尚华丽言和语，结交新知不弃旧。计其财产虽贫弱，讲经论道富五斗，所说同僚此一人，实是国家真英秀。

超凡出众韦友规，人品正直心善良，他人长处勤汲取，自己小节善弃扬。禀性有序喜静默，南征北战漂泊郎，虽然屈居王侯下，念念不忘大志向。

赵国故土好地方，代不绝出多奇士，山岳聚集才人众，杰秀贤能推三李。神采飘逸似清风，颜语和悦行谦恭，初九圣贤行隐没，仰慕君王赴京城。李诜拜官治长安，李灵授爵作皇传，垂训皇宫教后辈，肩负处理万机务。李熙早夭寿虽短，官已拜至侍郎署，所存风尚值效取，光明显赫贯终生。

学识渊博张仲业，性情清雅心高洁，礼仪容止仿古式，典谟诰旨理殷切。身处艰险心不改，节操如一贯始终。结朋交友重仁德，训教后辈尽孝道，教化覆盖及龙川，人民归附从其教。

祖迈杰出且贤能，祖侃授官也适选，闻名家邦受称赞，名声行为同丕显。兼济天下唯其志，独善其身非己愿，冲破束缚无规矩，功勋业迹终未展。刘策许琛忠职守，鞠躬尽瘁竭力行，出使四方能游说，入见皇帝献其功。驾乘轻车走天下，燕地降服崇屈从，名声彰著映当代，社稷大业更昌盛。

大器早成宋道茂，人小年少远播名，真诚相待结知己，行为处事守信用。怡怡和睦诸兄弟，穆穆温暖一家庭，影响广大且深远，声名高振入云空。常在宫中尽臣责，兼掌天下京都城，量刑罚罪中为准，民风和谐百事平。

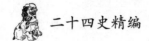

壮哉美哉刘彦鉴，艺文礼乐无不善，任其自然为禀性，本领才能自修炼。高官厚禄不崇尚，地位寒微不辱慢，谢绝朱门辞官去，回归山林大自然。四俊之一邢宗敬，美名赞誉远播扬，辞章华丽似行云，文名洋溢早流芳。道遇路人疾病苦，诗赋相赠了慰问，真挚情感显于辞，人伦事理出于韵。

爽朗豁达高叔民，默识渊通论古今，领新悟异出奇想，发自心胸睿思明，气质堪比和氏璧，文采辉炳善辞章，仕途踌躇坐京城，衣锦还乡归旧邦。先知先觉李士元，性格耿直不迷惑，抖擞精神入殿阁，为臣尽忠效王国。行端履正榜样好，严循法度守绳墨，心地善良一君子，言行举止无差错。

孔子称许游和夏，汉人赞美渊与云，脱凡逾众游伯度，出类拔萃更超群。校勘经史入秘阁，总领州郡出河汾，移风易俗施教化，梳理疑乱解争纷。怡然理顺通难义，涣然冰释解疑文，精心研析儒家术，分别九流易辨清。

崔建宋愔二贤人，生性奇伟又英杰，颖脱而出自民间，休名美德漫宫阙。謇謇仪态殊正直，邈邈风节且高亮，贤达卓异不自负，白手起家终辉煌。潘符高尚为典范，杜熙随和性友善，洁身自好不逐流，一尘不染有主见。名望高绝世罕有，只为小吏淡作官，不计得失反逾多，不尚名利反逾显。

张纲温和人谦逊，叔术端正性刚直，道雅洽闻且强记，闳弼博学又多识。隐者之中拔其萃，渐成栋梁展鸿志，发奋进取忘餐饮，雄心岂能足斗食。遵循礼仪行仁义，榜样规范自不失，挫折不悲心坦荡，得志不喜意平实。

郎苗初来入仕途，各种方法受考核，智足谋深超乎众，言论足可安邦国。性与时尚相融洽，勤勉理政不妄说，合乎今日新标准，无异古代之准则。人求物利性贪婪，惑意乱神沉于酒，洁身自好属侯辩，唯富德义至笃厚。日日饮酒虽放纵，逾受敬重逾温柔，无道身躯藏私室，仿佛跻彼众公侯。

若论季才之性格，执着竞争又文静，长行远抵南秦地，申明皇威施政令。公平诱导权利弊，矫正是非依准绳，帝王事业得发扬，边疆昌盛且安宁。

群贤毕至会一世，声名显赫扬魏国，竭志效忠安天下，各展其能尽臣责。身披体袭红衣裳，腰系双佩扎玉带，荣耀辉煌在当时，风节高尚传千载。君臣相聚难相伴，古今常理异莫觉，昔日遵奉朝廷合，征举之士能和谐。撩起衣襟独畅想，解带宽衣自舒怀，此时忻乐如昨日，生死存亡忽两乖，沉思默想念故旧，内心翻腾久不平，挥毫赞美诸公德，更增我心悲与哀。

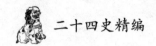

北魏皇兴年间，献文帝下诏命高允兼任太常，并去兖州拜祭孔子庙，献文帝对高允说："这件事只有人品宽厚、德行高尚的人才有资格前往，你就不推辞了。"其后，高允跟随显祖献文帝出征北伐，大胜而归，行至武川镇时，高允上奏《北伐颂》，颂辞说："昊广皇天真伟大，降赐鉴戒唯仁德，眷恋有魏

负重任，居高临下照万国。礼仪教化大和谐，君王满腹多谋略，平息乱事依皇威，严守法则万民协。劫掠旧隶属北疆，承政发令在蕃邦，往昔只因常起事，驾车北去顾逃亡。世袭旧制不遵循，背离忠义违诚信，网罗亡徒聚强盗，丑寇败类真不少。竟敢率领众羊犬，图谋放纵更猖獗，圣帝降旨告上下，兴师挥戈去北伐。跃马扬鞭裹干粮，星驰电掣进军忙，扑伐征讨劫杀勇，横扫千军斧钺扬。斧钺所至人头落，执馘获俘灭敌旅，尸横遍野填沟谷，血流成河可漂杵。元凶敌首狐奔逃，假借陋室暂歇脚，手下爪牙已遭剐，身边心腹也被杀。周人和亲敬老笃，忠厚仁德及草木，英明圣皇世绝伦，古今美德汇一身。恩泽被覆京观下，仁德宏旨又垂临，瘗埋尸骨放俘虏，仁爱施予生死魂。生灵死魂蒙仁爱，天地庇护人且喜，人伦纵贯幽冥界，皇泽圣恩播异上。物归其诚安天下，敬神行祭献其福，远近内外得安抚，率土之滨皆臣服。古代所称善用兵，三月克敌属神异，如今圣上也兴师，告捷不足十二日。大军上下同心战，千邦万国共和协，道义光耀垂万载，功勋劳绩铭玉牒，颂扬之声久不灭，流传播布至未来。”显祖阅后非常喜欢。

还有一事。当时，显祖献文帝常常闷闷不乐，因为高祖拓跋宏年纪尚幼，所以献文帝想立京兆王拓跋子推为太子，于是，他召集诸位大臣，依次征询他们的意见。这时高允上前跪倒在地，哭泣说道：“臣不敢多言，只怕烦劳圣听，愿陛下以祖宗托付的事业为重，再回头想想周公辅成王的古事。”显祖于是把帝位传给了高祖，并赏赐高允丝帛千匹，以表彰他的忠诚亮节。高允后又被升任为中书监，兼领散骑常侍。他虽长期掌管著史校史的工作，然而却不能专心勤勉地从事此事，当时，他与校书郎刘模收集了一些资料，大略地对崔浩过去的工作做了续补，以《春秋》的体例为标准，而对崔著时有刊误匡正。自高宗到显祖的事迹以及军事、国政、书志、檄文，多为高允所撰。到了晚年，高允才推荐高闾接替自己。因他评议朝政有功，又被晋封爵位咸阳公，兼领镇东将军。

不久，高允又被任命为使持节、散骑常侍、征西将军和怀州刺史。一年秋季，高允巡行疆界，他关怀百姓的疾苦，所至之处，问寒问暖，当行至邵县的时候，高允见邵公庙塌毁，便对人说：“邵公的德操，毁伤它而不尊敬它，那么积德行善的人还能敬仰什么呢。”于是上奏魏帝，要求对邵公庙重加修葺。当时高允已年近九十岁了，仍然劝导百姓学习问业，使得这种风气蔚然成风。相反，当时的很多儒者却悠闲自得四处游历，而不去过问国家政事。多年以后，在北魏正光年间，中散大夫、中书舍人河内人常景追思怀念高允，亲率郡中的故旧老人，在野王以南为高允修立祠堂，树立碑石，记述他的丰德。

北魏孝文帝太和二年，高允又以年老为由，请求解甲归田，他先后上呈了十余份奏章，但孝文帝最后还是没有同意，于是高允以有病在身为由，请假回乡。当年，孝文帝就下诏征聘高允，命州郡负责用可以坐乘的安车将他送到京都。来到京城后，封他为镇军大将军，兼领中书监。高允表示坚辞，不予接受。孝文帝又搀扶着他走入内宫，修改议定《皇诰》。高允当时上奏了《酒训》，奏章说：

“圣上曾命臣对于历代因贪杯饮酒而带来的种种弊端、败坏道德的事情加以汇集议论，写成《酒训》。臣愚朽年迈，按照常理都是该被抛弃的人了，而圣上却仍然施予臣异常隆重的恩典，在臣将死之年还录用臣，在臣心志衰丧的时候还勉励臣。臣接受皇命，诚惶诚恐，喜忧交加，不知怎样用行动来报答圣上的关心。尊敬的陛下英明睿智，远见卓识，身居高位安抚万国；太皇太后圣明贤达，仁德广大，救治养育万邦黎民。普天之下，无不称颂。尽管到了晚年还依旧忧虑而操劳不止，各种设想和希望总是接连不断，而且喜欢回首往事，总结一生行为的警示和戒鉴。这种至诚至厚的心怀能够感悟百神，更何况百官和庶民了。臣不胜欣喜，郑重地把臣的所见所闻全部写出来，作成《酒训》一篇。但是臣愚笨无知，见识短浅，加上习文弄墨荒废多年，所以文辞拙劣，意义鄙陋，不值得阅读采纳。尊敬的圣上慈悲为怀，能够体恤臣的一片赤诚之情，宽恕臣悖理不明的主张。《训》辞是：

自古及今，圣贤的帝王都要举行宴飨的礼仪以供奉鬼神，由于上古时代还没有酒，当时都是用水来进行祭礼活动，所以帝王在举行飨礼的时候，要将水制的斋酒放置在厅堂上，而把祭礼用的齐酒放在它的下面，这正是崇尚根本，尊重渊源，而将祭品的滋味看得更次要的表现。如果做到这些，那么，尽管是带着酒杯旅行，走到哪儿喝到哪儿，也不至于混乱。所以，一个人若能在彰明礼制之后饮酒，人们对他的恭敬仰慕之情就不会降低，若能在处理完事务之后饮酒，一切仪式也就不会出现差错。不遵循这项原则的做法，则是违背正道的。如果这样，又将怎么能作为时代的楷模和处事的典范而永世长存呢？综观古今历代兴衰成败的经验教训，其吉凶祸福皆在于人，而不在于天。商纣王帝辛沉湎于酒，殷商王朝因此而灭亡；周公姬旦作成《酒诰》，用它来训诫康叔，周朝因此而得以昌盛。春秋时楚国的公子侧（字子反）非常糊涂，纵情饮酒，终致命丧，而汉代的穆生滴酒不沾，却留下一代美名。有些人长期以来一直作为人们行动的戒鉴，而另一些人则被世人万代传颂。酒这种东西能够改变和惑乱人的性情，虽说是哲人，但又有谁能控制得住自己呢。为官者会因酒而懒散地处理国家政务，庶民也会因酒而对政令怠慢不执行，聪明贤达之士会因酒而废弃昕理，温恭柔顺之人会因酒而使他们发生争斗，而长期狂饮无度又不知悔改，容易得疾。又岂只是病，简直就是减少寿命。有句谚语也说过：饮酒所带来的好处象毫毛一样小，而它对人的损害则象刀切一样快利。这里所说的好处，只是酒的滋味甜美，不也很少吗。这里所说的伤害，则是幼年时代即使你心志迷乱，幼年乱志这种损害，不也很多吗？万勿因饮酒无度而使自己沉沦，千万不要因饮酒争胜而丧失伦常之道。如果做不到这些，就会使国家发生混乱，迷失方向，使人民漂泊流浪。不学习传统，不遵守法规，违背了这些原则还能继承什么呢。《诗经》不是说过，“对待事情要象制造骨器和玉器一样，精心地用刀去切割它，用锉去锉平它，用刀去雕琢它，用物去磨平它。”这就是朋友之间应遵循的原则。作官的人要对君主的错误有所劝谏，为君者要对屡次谋划建功的人有所限制，这是君臣之间应恪守的法则。如果一个人所说的话是善良而有益的，就要反复地斟酌审察，并牢牢地记住它，如果一个人所说的话是恶意而无益的，就要哀怜它，宽恕它。这就是先王采纳规劝时所抱的态度。在昔日司马晋的时代，士大夫多丧失了法度，肆意地放荡不羁，以为这样才是不受约束的表现，纵情地举杯豪饮，以为这样才有高尚豁达的气度，吟唱着关于酒的颂歌，互相炫耀。他们声称尧和舜都有千杯万盏的酒量，宣扬诋毁法度的言论，拿伟大的圣贤为例，来表明他们的行为是在效法上天，难道真是如此吗？子思说过，孔子饮酒，喝不了一升。由此推断，尧舜能饮千杯万盏的说法都是荒谬不合理的。

今天，伟大的魏国应受河图而统治天下，如日月的光辉普照大地，教化所及之处无不归心臣服，仁德之风日盛，遍播于四海。太皇太后以至仁至德教诲万民，不知厌倦，所付出的忧虑和劳苦比皇亲之情还要殷勤周到，政令和教诲广行天下，超越疆界。所以能够使国运与天地和谐，使功绩堪比天地万物。圣上将仁德恩泽降施百姓，于是天下尽皆遵守法度，普天之下，率土之滨，无处不蒙受着恩利。在朝中供职的群臣，都是些有志之士，他们最好要约束自己，从善而行，行为端正，忠直守一。节制饮酒以便形成法度，顺随德政以便建立标准。使人明白狂饮无度的危害，它会让人明知有害而无法自制，使人知道恭敬谨慎乃是极荣耀的美德。遵守孝道以赡养老人，光宗耀祖而使名声远扬。重蹈孔子的学生闵子和曾子的足迹，把仁德之风传给后人。这样才能向上以报答苍天的赐予，向下以保护所取得的成就。怎么能不努力啊！怎么能不努力啊！”

高祖看后非常高兴，常把它放在自己身边。

高祖孝文帝后来下诏，允许高允乘车入殿，大臣朝拜时也可不必行礼。第二年，孝文帝下令让高允议定法令条文。虽然他的年纪已经很大，但意志和观察力仍没有一丝衰减，犹如当年身为校书郎，披览考定史籍时一样。其后，孝文帝又降诏说：“高允的年纪已经到了危险的阶段，但他家境贫寒，因而保养也很不够。可以让乐部派出十名弹奏丝竹乐器的人员，每隔五日到高允的家里去演奏，以便使他的心志能得到娱乐。”同时还特别赐给他一头蜀地的牛，一辆蜀地制造的四面开窗的四驾马车，一件素面的几案、一件素面的手杖和一口蜀地制造的刀。又赐给他珍奇异味，每当春季和秋季的时候，就经常送给他。不久，孝文帝再降诏令，命早晚为高允送饭，每逢朔日初一和望日十五还要致送牛肉和美酒，至于衣服绵绢，每月都要奉送。高允把这些东西都分赠给了亲朋故友。当时，凡地位显赫的大臣家里，都有很多亲属在朝廷内充任高官，而高允的子弟中却没有一人身兼官爵。他就是这样的清廉谦逊。后来，高允又被升任为尚书、散骑常侍，孝文帝常常邀请他入朝，备好几案手杖，向他征询治国安邦的大政方针。至太和十年，高允兼领光禄大夫，并被授予系有紫色丝带的金印。朝廷中的重大事务，都要征求询问他的意见。

北魏王朝刚刚建国的时候，法令严明，朝廷中的官吏很多都受过杖刑的责罚。高允前后侍奉了五位皇帝，在尚书省、中书省和门下省三省供职，历时五十余年，却一点过错也没有。当初，在太武帝太平真君年间，因为狱讼刑罚之事停顿日久，积案很多，于是世祖令高允开始在中书省，根根儒家经典的宏旨审断处理多种悬而未决的事情。高允依据法令评定刑罚，历时三十多年，朝廷内外交口称赞他断事公平。高允深知，刑罚之事关系到人民的性命，他常常感叹道：“古代的皋陶虽具有极高尚的德行，但他的后代英国和蓼国却也很早就亡灭了，刘邦与项羽争夺天下之际，英布虽曾因犯罪而受过黥刑，但也称了王。尽管已经历了很长的时代，但仍然还遗留有刑罚的痕迹。圣贤尚且如此，何况凡夫俗子，哪能没有错误呢？”

太和十年四月，群臣京城西郊商议国事，孝文帝下诏，令人用自己的马车迎接高允赴西郊的住所板殿观瞻察视。行至途中，马忽然受惊而狂奔起来，车翻了，高允的额眉处受了三处伤。高祖孝文帝和文明太后派医送药，护理治疗，慰问探望。驾车的车夫将要因此事而受到重罚，高允得知后，赶忙上朝，陈奏自己安然无恙，请求免去车夫的罪过。在此之前，也曾发生过一件类似的事情，魏帝让中黄门苏兴寿搀扶高允行走，一次曾在风雪中遇犬受惊而跌倒，苏兴寿为此非常害怕。高允却安慰鼓励他，不许人把这事张扬出去。苏兴寿说，我替高允办事，与他共同相处了三年，从来没有见他发过脾气。他对人循循善诱，诲人不倦。昼夜手不释卷，吟诵阅读。他对亲人的感情极其深厚，对故旧朋友念念不忘。他谦虚谨慎，善于汲取别人的长处。尽管身居高职，地位显赫，但志向却同无官阶无财产的庶民一样。他喜爱音乐，每当乐伎们弹琴唱歌，击鼓跳舞的时候，他总是在一旁敲着节拍称好。他还非常信仰佛教与道教，经常设斋讲习，对生养之事非常喜好，对杀戮之事则极为憎恶。他性格又很简易通达，不随便与人交往游历。当年，显祖献文帝平定青州，收复齐国故地的时候，曾将当地的名门望族迁徙到了代地。当时，众多的士宦人物辗转迁移，长途跋涉，都已饥寒交迫。在迁徙的人群之中，有很多是高允的亲属，他们都徒步而行，一直走到了目的地。高允把自己的财物全部分发给徙民，用来帮助救济他们的生活，并且慰问周到，关怀入微。人们无不为他仁厚的心怀所感动。他招收徙民中有才能的人，然后上表奏请魏帝，请求任用。当时人们议论纷纷，人们都对这些新选用的人员存有疑虑，高允却说，选取人才，任用能人，不宜于压制身份低微的人。在此之前，高允曾被征召在方山写作颂文，其心气和志向仍与当年相差无几，谈论往事，记忆犹新，不曾遗忘。太和十一年正月，高允去世，享年九十八岁。

当初，高允常常对人说："我过去在中书省任职时曾积有阴德，赈济民众，拯救生灵。如果在阳间的报答不出差错的话，我应享有百年的寿命。"在他去世前十多天的时候，身体稍感不适。但他仍然没有入寝就卧，请医服药，而是像往常一样出入随意，行动自如，咏诗诵文不断。高祖孝文帝和文明太后得知高允不适后，即派医生李修前往把脉诊病，李修审视完，告诉高允身体平安无恙。而后李修入朝，秘密地向孝文帝报告说，高允的身体机能与血气循环都出现了异常，恐怕不久于人世了。于是，孝文帝派遣使者送去赏赐给高允的御膳珍羞，自酒米到盐醋，共一百多种，包括尽了当时所有的美食佳味，而且还有床帐、衣服、茵被、几案和手杖，东西摆满了整座庭院。侯王官员们来来往往，纷纷前来慰问嘱咐，高允抑制不住自己兴奋的心情，面带喜色地对人说："因为我太老了，上天降恩于我，馈赠了这么多佳品，这回可有东西招待客人了。"然后只是上表感谢了一番而已，并没有多想什么。就这样又过了几天，高允在深夜悄然离开了人世，平静得连家人都没有察觉。高允死后，孝文帝下诏赠绢一千匹、布二千匹、丝绵五百斤、锦五十匹、各色各样的彩色丝织物百匹、谷米千斛，用来供丧葬时使用。自北魏初年到现在，无论生者还是死者，还没有人蒙受过这样丰厚的赏赐，朝廷给了高允很高的荣誉。将要入葬之时，孝文帝赐赠高允侍中、司空公和冀州刺史等官，他生前担任的将军、公等官爵依然如故，谥号为文，并赐命服一套。高允撰写的诗、赋、诔、颂、箴、论、表、赞，加上他所著的《左氏释》、《公羊释》、《毛诗拾遗》、《论杂解》、《议何郑膏肓事》等，共百余篇，都分门别类编纂成集，流行于世。高允还通晓算法，著有算术方面的著作三卷。高允死后，他的儿子高忱继承了他的事业。

北齐书

《北齐书》概论

《北齐书》是唐李百药所撰，共为五十卷。

一

李百药（565～648），唐初史学家，字重规，定州安平（今河北深县）人。隋开皇初年，李百药仕于隋，为东宫通事舍人，不久升为太子舍人，兼东宫学士，由于遭受毁谤，以病辞去。至开皇十九年（599）隋文帝又令他袭其父德林的安平公爵位，出仕为礼部员外郎。皇太子杨勇又将他召为东宫学士。文帝下诏令他撰修五礼，制定律令，撰写《阴阳书》。在朝中深得隋文帝信用。

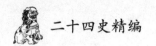

唐太宗即位后，重其才名，起用李百药为中书舍人，赐爵安平县男，受诏参加制定《五礼》及律令。贞观二年（628）即为礼部侍郎。十二月，唐太宗要大臣就是否行“封建”进行辩论。以尚书右仆射萧瑀为首的一批人，力主“分封”，李百药坚决反对，写了一篇《封建论》奏上，揭露分封制的弊害，认为郡县制不能更变。唐太宗赞成李百药等人的意见，“竟从其议”。

贞观三年（629），唐太宗下诏修前朝史书，李百药奉敕修《齐史》，贞观十年（636），李百药完成《齐史》。

贞观十年（636），李百药完成《齐史》，加封为散骑常使，赐彩物四百段。十一年（637）因撰成《五礼》及律令，进爵为子，这时，他已七十三岁，于是，以年老体衰，请求退休，退出了政治舞台。

二

《齐志》“长于叙事”，“多记当时鄙言”，即口语，能秉笔直书。《史通》于王劭称评如此，然《齐志》竟不传世，很为可惜。

李百药在修《齐书》时，吸收了前人修史的成果，特别是其父李德林的《齐史》。李德林历经北齐、北周、隋三朝，十五岁时已为魏收所赏识，在各朝一直担任诏令和其他重要文件的起草工作。齐武平三年(572)，除中书侍郎，参加了国史即齐史的编写，撰有纪传二十四卷。隋开皇初年，奉诏续撰，增至三十八卷，可以说北齐史已粗具规模，但全书未成而卒。李百药承其家学，在其父《齐史》的基础上参考他书，至贞观十年（636）写成《齐史》。宋代以后，为区别于萧子显的《南齐书》，于是称《北齐书》。

《北齐书》的编写体例，大致模仿《后汉书》，卷末各加论、赞。体例上没有创新，列传名目全同前史，无表、志。但与同时修的《梁书》、《陈书》、《周书》等诸书比较，在叙述前王之失的方面，则又要深刻得多，体现了借鉴于一代之失的思想。

李百药本人既作过隋朝的官吏，又曾有过参加农民起义的一段历史。他的阅历，使他对农民起义和隋的灭亡，都有较深的认识。因此，在修《北齐书》时，以“前王”败事为后来统治者戒，就比较明确，叙述前代兴亡的史实就很自然。《北齐书》对当时封建统治者残暴荒淫的卑鄙肮脏的丑事记载较多。李百药在这方面的记载是有用意的，要借鉴于北齐政权之失，就必须着力披露统治者的过失，对昏君和暴政必须有较多的暴露。李百药在纪、传中对高齐政权暴政的叙述和史论中的评论，起到了远鉴前王败事，借鉴于一代之失的作用。

当然，由于时代和阶级的局限，《北齐书》与当时修撰的其他各史书基本一样，为统治者隐讳文饰，其中掩盖鲜卑旧俗一点，就是显著一例。另外，对于统治者常常记载一些捏造的神奇事迹，以示其异于平常的人。如《高祖神武皇帝本纪》称，高欢未生之时，其居处即“数有赤光紫色之异。”这都是很明显的虚妄之文。

尽管如此，本书仍不失为这一段历史时期集中而系统的记载，文笔也比较简洁，故本书一出，其他北齐史逐渐淹没无闻，因而在旧史中本书有它一定的地位。

政　略

高欢劝政

（兴和）四年五月辛巳，神武朝邺[1]，请令百官每月面敷[2]政事，明扬侧陋[3]，纳谏屏邪，亲理狱讼，褒黜[4]勤怠；牧守有愆[5]，节级相坐；椒掖[6]之内，进御以序；后园鹰犬悉皆弃之。

（《北齐书·神武纪下》）

【注释】

①“神武”句：神武，即高欢（公元？—547 年），东魏权臣，执政东魏达 16 年，死后，其子高洋代魏称齐帝，是为北齐，高欢被追为神武帝。邺，地名，今河北临漳县西。②敷：陈述；奏进。③侧陋：有德才但地位低下的人。④黜（chù）：贬斥；废除。⑤愆（qiān）：过失；错误。⑥椒掖：指后宫。

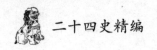

【译文】

兴和四年五月辛巳日，高欢前往邺城朝见东魏孝静帝，请孝静帝下令各级官员每月面向皇帝奏进政事，推举和选拔那些地位低下又有才能的人。作为皇帝，应接受纳谏，屏除奸佞之徒，亲自处理案件，褒奖勤者而罢免懒怠的人。地方州郡牧守有了错误，就应逐级处罚；后宫嫔妃进用，应讲究顺序；后宫花园内所供玩赏的鸟畜也应全部放走。

赵彦深其人其事

赵彦深，自云南阳宛人，……彦深幼孤贫，事母甚孝。年十岁，曾侯司徒崔光。光谓宾客曰："古人观眸子以知人，此人当必远至。"性聪敏，善书计，安闲乐道，不杂交游，为雅论所归服。昧爽①，辄自扫门外，不使人见，率以为常。

初为尚书令司马子如贱客，供写书。子如善其无误，欲将入观省舍。……神武在晋阳，索二史，子如举彦深。……子如言于神武，征补大丞相功曹参军，专掌机密，文翰多出其手，称为敏给。神武曾与对坐，遣造军令，以手扪②其额曰："若天假卿年，必大有所至。"

每谓司徒孙腾曰：“彦深小心恭慎，旷古绝伦。”

及神武崩，秘丧事，文襄[3]虑河南有变，仍自巡抚，乃委彦深后事，转大行台都官郎中。临发，挥手泣曰：“以母弟相托，幸得此心。”既而内外宁静，彦深之力。及还发丧，深加褒美，乃披[4]郡县簿为选封安国县伯。从征颍川，时引水灌城，城雉[5]将没，西魏将王思政犹欲死战。文襄令彦深单身入城告喻，即日降之，便手牵思政出城。先是，文襄谓彦深曰：“吾昨夜梦猎，遇一群豖，吾射尽获之，独一大豖不可得。卿言当为吾取，须臾获豖而进。”至是，文襄笑曰：“梦验矣。”即解思政佩刀与彦深曰：“使卿常获此利。”

文宣[6]嗣位，仍典机密，进爵为侯。天保[7]初，累迁秘书监，以为忠谨，每郊庙，必令兼太仆卿，执御陪乘。转大司农。帝或巡幸，即辅赞太子，知后事。……文宣玺书劳勉，征为侍中，仍掌机密。河清元年，进爵安乐公，累迁尚书左仆射、齐州大中正、监国史，迁尚书令，为特进，封宜阳王。武平二年拜司空，为祖珽所间，出为西兖州刺史。四年，征为司空，转司徒。……七年六月暴疾薨，时年七十。

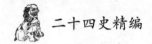

彦深历事累朝，常参机近，温柔瑾慎，喜怒不形于

色。自皇建[8]以还，礼遇稍重，每有引见，或升御榻，常呼官号而不名也。凡诸选举，先令铨定，提奖人物，皆行业为先，轻薄之徒，弗之齿也。孝昭[9]既执朝权，群臣密多劝进，彦深独不敢言。孝昭尝谓王晞云："若言众心皆谓天下有归，何不见彦深有语。"晞以告，彦深不获已，陈请，其为时重如此。常逊言恭己，未尝以骄矜待物，所以或出或处，去而复还。母傅氏，雅有操识。彦深三岁，傅便孀居，家人欲以改适，自誓以死。彦深五岁，傅谓之曰："家贫儿小，何以能济?"彦深泣而言曰："若天哀矜，儿大当仰报。"傅感其意，对之流涕。及彦深拜太常卿，还，不脱朝服，先入见母，跪陈幼小孤露，蒙训得至于此。母子相泣久之，然后改服。……齐朝宰相，善始令终唯彦深一人。

（《北齐书·赵彦深传》）

【注释】

①昧爽：黎明，拂晓。②扪（mén）：摸。③文襄：即高欢长子高澄，高洋称帝后追尊其为文襄帝。④披：翻阅。⑤城雉：城墙。⑥文宣：即高洋（公元 529—559 年），北齐建立者，公元 550—559 年在位。⑦天保：北齐文宣帝高洋年号（公元 550—559 年）。⑧皇建：北齐孝昭帝高演年号（公元 560—561

年)。⑨孝昭:北齐帝高演年号(公元560—561年在位)。

【译文】

赵彦深,自称是南阳宛人。……他自幼丧父,家境贫寒,对母亲十分孝顺。十岁时,曾经探望司徒崔光,崔光对宾客们说:“古代人看眼睛就能知晓一个人,这个孩子将来前程一定远大。”赵彦深天性聪明敏捷,善于书写和计算,安闲乐道,不乱交朋友,向来为人们所叹服。每天拂晓时,他就起来打扫门外,不让别人看见,已经成为一个习惯。

刚开始时,赵彦深是尚书令司马子如的一个地位低微的宾客,替他干些书写之事。司马子如对他非常欣赏他书写能做到无误,想推荐他人观省舍。……神武帝高欢在晋阳时,索求二史之职,司马子如推举赵彦深。……司马子如在高欢面前替赵彦深说了话,赵彦深就被征补为大丞相功曹参军,专门掌管国家机密大事。文章词句大多出自他的笔下,人们常称他聪明伶俐。高欢曾经和他对坐,命令他起草军令,用手触摸他的额头说:“如果苍天能让你长寿,你必定能干大事。”高欢每次对司徒孙腾说:“赵彦深小心恭敬、谨慎,万古之人很难和他相比。”

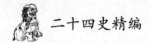

等到高欢死时,秘不发丧。高澄担心河南有变,要自己亲自去巡抚,于是就把宫中的事委托给赵彦深,转迁为大行台都

官郎中。临出发时，高澄握着赵彦深的手，哭泣着说："母弟族的事情都托付给你，很幸运有像你这样的人。"后来，宫廷内外一片宁静，靠的全是赵彦深的力量。等到高澄从河南返回发丧，对赵彦深大加褒扬和赞美，于是，翻开郡县簿籍，选封赵彦深为安国县伯。出征颍川，引水攻城，城墙即将被水淹没，而西魏大将王思政仍想死战。高澄命令赵彦深一人入城劝降王思政，当天颍川城就投降，赵彦深拉着王思政的手走出城门。在此之前，高澄对他说："我昨晚梦见打猎，遇到一群猪，我用箭射，结果全被抓获，唯独只有一头大猪逮不住。你说你替我去抓取，片刻便猎取而归。"说到此，高澄便大笑着说："我的梦应验了。"于是，就解下王思政的佩刀交给赵彦深说："让你常常能获得这样的好处。"

文宣帝高洋即位，赵彦深仍掌管国家机密，并进爵为侯。天保初年，屡升至秘书监。因为忠诚和谨慎，文宣帝每次到郊外祭庙时，都令赵彦深兼任太仆卿，骑马陪着皇帝。转升大司农。文宣帝有时外出巡游，赵彦深就辅佐太子，对后宫之事了解很深。……文宣帝下诏慰劳和劝勉他，征他为侍中，仍典掌机密。河清元年，进爵为安乐公，屡次升迁至尚书左仆射、齐州大中正、监国史，又升尚书令，作为特殊的升迁，被封为宜阳王。武平二年，拜为司空，因祖珽的离间，出任为兖州刺史。四年，征为司空，转升司徒。……武平七年六月，因暴病而死，享年七十岁。

赵彦深经历几个帝王，经常参与国家重大决策。他温柔谨慎，喜怒不形于色。从皇建以来，帝王对他的礼节日益隆重，每次召见，就坐在皇帝的床上，皇帝常称他的官号而不直叫其名。凡是各种选举，他总要先加铨选，然后确定，提拔和奖励人物，都是以在事业上有所作为的人为先，行为轻薄之人，提都别想提。孝昭帝高演已经执掌朝政，群臣多次劝他即位，而只有赵彦深不进言。孝昭帝曾经对王晞说："如果说许多人都称天下有归，为什么不见赵彦深有话。"王晞把这话告诉了赵彦深，他迫不得已，向高演陈请了自己的意见。赵彦深在当时就是如此地被看重。他常常说话谦逊，内心恭敬，接人待物从没有骄傲过，因而有时在京或外调，离开后又返回。他的母亲傅氏，素有操节和见识，赵彦深3岁时，她便守寡，家里的人想让她改嫁，她发誓至死而不从。赵彦深5岁时，她对他说："家庭贫困，而孩子又小，怎样才能生活呢?"赵彦深哭泣着说："如果老天同情我们，我长大后一定报答。"傅氏被赵彦深的诚意所感动，母子二人抱头而哭。等赵彦深官至太常卿，从朝上回来，不脱朝服而入堂拜见母亲，跪在地上陈述幼小的孤苦，正是母亲的教诲而到今天这样。母子二人相互哭了很久，赵彦深才换去朝服。……北齐的宰相，能善始善终的，只有赵彦深一个人。

御人

孙搴之事

会高祖[①]西讨，登风陵，命中外府司马李义深、相府城局李士略共作檄文[②]，二人皆辞，请以（孙）搴自代。高祖引搴入帐，自为吹火[③]，催促之。搴援笔[④]立成，其文甚美。高祖大悦，即署[⑤]相府主簿，专典[⑥]文笔。又能通鲜卑语，兼宣传号令，当烦剧之任，大见赏重。赐妻韦氏，既士人子女，又兼色貌，时人荣之。寻除[⑦]左光禄大夫，常领主簿。

世宗初欲之邺[⑧]，总知朝政，高祖以其年少，未许。搴为致言[⑨]，乃果行。恃此自乞特进，世宗但加散骑常侍。时又大括[⑩]燕、恒、云、朔、显、蔚、二夏州、高平、平凉之民以为军士，逃隐者身及主人、三长、守令罪以大辟[⑪]，没入其家。于是所获甚众，搴之计也。

搴学浅而行薄，邢卲尝谓之曰："更须读书。"搴曰："我精骑三千，足敌君羸卒⑫数万。"尝服棘刺丸，李谐等调之曰："卿棘刺应自足，何假外求。"坐者皆笑。司马子如与高季式召搴饮酒，醉甚而卒，时年五十二。高祖亲临之。子如叩头请罪。高祖曰："折我右臂，仰览⑬好替还我。"子如举魏收、季式举陈元康，以继搴焉。

（《北齐书·孙搴传》）

【注释】

①高祖：即高欢（？——公元 547 年），魏权臣。先后归杜洛周、葛荣起义军，后叛降尔朱荣。荣死后，称大丞相，逼北魏孝武帝西奔长安投宇文泰，立孝静帝，魏分为二。执东魏权柄达 16 年。死后，其子高洋代魏称帝，追尊其为高祖神武帝。②檄文：古代官府用以征召、晓谕或声讨用的文书。③吹火：点火。④援笔：执笔。⑤署：代理；暂任。⑥典：主管；主事。⑦除：升迁。⑧"世宗"句：世宗，即高澄，高欢长子。高洋称帝后，追尊他为世宗文襄皇帝。邺，地名，今河北临漳西南。⑨致言：向皇帝进以言语，即替世宗在高祖面前讲情。⑩大括：大肆搜寻。⑪大辟：即处以砍头的死刑。⑫羸（léi）卒：瘦弱的士卒。⑬仰览：希望好好地查找。仰，旧时公文用

语，下行文中表示命令，有“切望”的意思。

【译文】

正值高祖高欢率军向西讨伐，登上风陵，命令中外府司马李义深、相府局李士略一同为他起草征讨檄文，二人都推辞，并推荐孙搴来代替他们。高祖把孙搴带进军营中，亲自为他点火，催促他赶快动笔。孙搴提起笔，一气呵成，檄文行文优美。高祖十分高兴，当即命孙搴代理相府主簿，专门负责管理文书之类的事情。孙搴又能通晓鲜卑语，还兼管宣传和发布命令的事情，身兼大小事务，很被高祖看重。高欢还把韦氏之女赐给孙搴为妻，她出身于士族之家，且长得如花似玉，当时的人们都把这当成一种荣幸的事情。不久，孙搴又升为光禄大夫，常领主簿。

世宗高澄一开始想到邺城，以了解朝政之事。高祖认为他年纪尚青，就没有允许。孙搴替世宗在高祖面前求情，世宗终于如愿以偿到邺城。孙搴以此为资本，要求世宗对他进行超迁，而世宗仅仅给他加了个散骑常侍。那时，国家大肆搜求燕、恒、云、朔、显蔚、二夏州、高平、平凉等地的老百姓为士兵，逃亡和隐藏者本人和主人、三长、守令等处以死刑，他的全家被收为奴婢。因此，召集了众多的士兵，这也是孙搴所献的计策。

孙搴学识浅薄而行为轻浮，邢邵曾对他说：“你还需要多看些书。”孙搴回答说：“我3000精锐的骑兵，足够应付你数万名瘦弱的士卒。”曾经口服棘刺丸，李谐等调笑他说：“你自己的棘刺应该够多了，没必要再从外面求购。”在座的人都大笑。司马子如与高季式邀请孙搴喝酒，结果孙搴大醉而死。这年，他52岁。高欢亲临察看，司马子如下跪，磕头谢罪。高祖说：“折断我的右臂，希望你们能寻找一个更好的还给我。”于是，司马子如推荐了魏收，高季式推举了陈元康来继代孙搴。

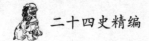

法制

苏琼执法严明

苏琼，字珍之，武强①人也。……尝谒东荆州刺史曹芝。芝戏问曰："卿欲官不？"对曰："设官求人，非人求官。"芝异其对，署为府长流参军。……并州尝有强盗。长流参军推其事，所疑贼并已拷伏，失物家并识认，唯不获盗赃。文襄②付琼更令穷审，乃别推得元融等十余人，并获赃验。文襄大笑，语前妄引贼曰："尔辈若不遇我好参军，几致枉死。"

除南清河太守，其郡多盗，及琼至，民吏肃然，奸盗止息。或外境奸非，辄从界中行过者，无不捉送。零县民魏双成失牛，疑其村人魏子宾，送至郡，一经穷问，知宾非盗者，即便放之。双成诉云："府君放贼去，百姓牛何处可得？"琼不理，密走私访，别获盗者。从此畜牧不收，多放散，云："但付府君。”有邻郡富豪将财物寄置界内以避盗，为贼攻急，告曰：“我物已寄苏公矣。”贼遂去。平原郡有妖贼刘黑狗，构结徒侣，通于沧海。琼所部人连接村居，无相染累。邻邑于此伏[3]其德。郡中旧贼一百余人，悉充左右，人间善恶，及长吏饮人一杯酒，无不即知。琼性清真，不发私书。道人道研为济州沙门统[4]，资产巨富，在郡多有出息，常得郡县为征。及欲求谒，度知其意，每见则谈问玄理，应对肃敬，研虽为债数来，无由启口。其弟子问其故，研曰：“每见府君，径将我入青云间，何由得论地上事。”郡民赵颍曾为乐陵太守，八十致事归。五月初，得新瓜一双自来送。颍恃年老，苦请，遂便为留，仍致于厅事[5]梁上，竟不剖。人遂竞贡新果，至门间，知颍瓜犹在，相顾而去。有百姓乙普明兄弟争田，积年不断，各相援引，乃至百人。琼召普明兄弟对众人谕之曰：“天下难得者兄弟，易求者田也，假令得地失兄弟心如何？”因而下泪，众人莫不洒泣。普明兄弟叩头乞外更思，分异十年，遂还同住。每年春，总集大儒卫凯隆、田元凤等讲于郡学，朝吏文案之暇，悉令受书，时人指吏曹为学生屋。禁断淫祠[6]，婚姻丧葬皆教令俭而中礼。……当时州郡无不遣人至境，访求政术。天保中，郡界大水，人灾，绝食者千余家。琼普集部中有粟家，自从贷粟以给付饥者。州计户征租，复欲推⑦其贷粟。纲纪⑧谓琼曰："虽矜饥馁⑨，恐罪累府君。"琼曰："一身获罪，且活千室，何所恐乎？"遂上表陈状，使检皆免，人户保安。此等相抚儿子，咸言府君生汝。在郡六年，人庶怀之，……前后四表，列为尤最。

（《北齐书·苏琼传》）

【注释】

①武强：地名，今河北武强县。②文襄：即高欢长子高澄。其弟高洋建北齐后尊称其为文襄帝。③伏：同"服"，佩服。④沙门统：佛教寺院的主管。沙门，佛教名词。一译"桑门"，表示勤修善法、息灭恶法之意。原为古印度各教派出家修道者的通称，后佛教专指依照戒律出家修道的人。统，主管。⑤厅事：厅堂，官吏办公场所。⑥淫祠：滥设的祠庙。⑦推：除、去。⑧纲纪：管家仆。⑨馁（něi）：同"馁"，饥饿。

【译文】

苏琼，字珍之，是武强人。……曾经拜访东荆州刺史曹芝。

曹芝戏谑地问他说："你想不想当官？苏琼回答说："应是官求人，而不是人求官。"曹芝惊讶于他的回答，就任命他为府长流参军。……并州曾有强盗，长流参军推论这事，对怀疑是贼的人加以拷打，被偷盗的人家也来认出他们是贼，可就是找不到赃物。高澄把这事交给苏琼来重新进行审理，于是苏琼再加推究而抓获元融等十多人，并有赃物为证。高澄大笑，走到被误认为是贼的人面前说："你们这些人，如果不是遇到了我的好参军，差一点就冤枉而死。"

升为南清河太守，南清河境内盗贼很多，等苏琼来后，民吏十分恭敬，奸盗停止而不再发生。有时，外郡的奸贼从境内经过都被抓获。零县有个名叫魏双成的人丢失了一头牛，怀疑其本村名叫魏子宾的人偷去，就把魏子宾送到郡府，经过一再查问，苏琼知道魏子宾不是偷牛的人，于是，就放他回去。魏双成问苏琼说："府君把贼放走，我的牛到哪里去找？"苏琼不加理睬，多次暗中查访，终于抓获了盗贼。自此以后，南清河境内的牲畜在外放养而不赶收回家，说："只是把它们托付给了府君。"邻郡有一个富豪把自己的财产寄托在南清河郡，以防止强盗抢劫，被强盗攻打的很急，他告诉强盗们说："我的财物已经托付给苏公了。"于是，盗贼便离去。平原郡刘黑狗，勾结和聚集了许多同伴，通达大海。苏琼在南清河境内将许多村子联合起来，共同对付，妖贼对他们没有丝毫的染指。邻近的城邑在这一点上都很佩服苏琼的才德。南清河内以前为贼的一百多人，全都充当了苏琼的左右人员，世间的好坏，以至长吏喝了百姓的一杯酒，苏琼都会很快就知道。苏琼的品性清纯正直，不擅自给人写私信。道人道研是济州的沙门统领，资产颇多，在郡内放贷生息，常常被郡县征收赋税。道研想求见苏琼，苏琼知道道研的意图，每次见面苏琼则谈论和问及玄学的问题，应对相当虔诚，道研虽为索债而来，但没机会开口。道研的弟子问他原因，道研说："每次见到府君，就把我带到青天白云里去，怎么能够谈论地上的事情。"南清河有个名为赵颍的郡民，曾是乐陵太守，八十岁时离任而归乡。五月初，他得到二个新鲜瓜，亲自将瓜送给苏琼。赵颍依仗自己年纪大，苦苦请求苏琼把瓜收下，苏琼就把瓜留下，却把它放置在厅堂的梁上，最终也不肯剖瓜而食。于是，人们就竟相向苏琼呈进新鲜果品，到了厅门看到赵颍的瓜还在，就只好相望离去。百姓乙普明兄弟俩争田夺地，多年得不到解决，各自相互引例为证者达一百多人。苏琼召集普明兄弟俩而当着众人开导他们说："天下最难得的是兄弟，容易求得的是田地，如果为得到田地而失去兄弟间的亲情，又怎么样呢？"苏琼流下了眼泪，众人也是无不洒泪而哭。普明兄弟叩头称谢而请求到外想一想，兄弟俩在分开已达十年后，又重新生活在一起。每年春天，苏琼汇集大儒者卫凯隆、田元凤等在郡讲学，官吏在办政事之余，命他们全去听讲，那时的人们把吏曹当作学生屋。禁止并拆除过多的祠庙，婚丧嫁聚都要从俭而又符合礼节。……当时，各州郡都派人到南清河来询问治理之术。天保年间，郡内发大水而人民受到灾难，无饭可吃的有1000多家。苏琼把有粮食的家庭召集起来，要他们把家中粮食贷赈给饥饿的人。州郡挨家征收，然后又想除去他们贷出的粮食。家仆对苏琼说："虽然你同情那些饥饿的人，恐怕将来你要被连累遭罪的。"苏琼说："我一个人获罪，而使千家活了下来，这还有什么可怕的呢?"于是，就上表朝廷，陈请事情，让一切查验都取消，人民平安。这些人抚摸着自己的孩子，都说是苏琼使他们获得了生命。在南清河六年，人人都怀念他，……朝廷前后四次表彰，他都名列第一。

口手俱足　余无所需

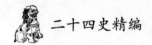

（厍狄士文）寻拜贝州刺史[①]。性清苦，不受公料，家无余财。其子尝啖官厨饼，士文枷之于狱累日，杖之二百，步送还京。僮隶无敢出门。所买盐菜，必于外境。凡有出入，皆封署其门，亲故绝迹，庆吊不通。法令严肃，吏人贴服，道不拾遗。凡有细过，士文必陷害之。尝入朝，遇上赐公卿入左藏[②]，任取多少。人皆极重，士文独口衔绢一匹，两手各持一匹。上[3]问其故，士文曰：“臣口手俱足，余无所须”。上异之，别赍遗[4]之。

（《北齐书·厍狄士文传》）

【注释】

①“厍狄”句：厍（shē）狄士文，人名。寻，不久。拜，授官、任命。②左藏：国家藏钱财的府库。③上：隋文帝杨坚。④赍（jī）遗（wèi）：以财物相送。

【译文】

厍狄士文被任命为贝州刺史。厍狄士文清廉艰苦，从不接受国家的财物，家中钱财也不多余。他的儿子曾经吃了官厨的饼，厍狄士文就把他戴上枷锁，送进监狱，关了许多天才被放出来，还用棍子打了200棍，然后，步行把他送回到京师。他的仆人们都不敢出门，需要买的盐、菜等必需品，都必须到外地购买，多余的部分，都封存起来。亲朋故友都断绝了和他家的交往，连庆贺喜事和吊唁丧事这类的事情，都不来往。他任职时，法令严明，大小官吏和人民都极为顺从。辖治范围内路不拾遗。凡是有人犯了一点小错误，厍狄士文一定严惩不怠。曾有一次进朝廷，正遇上皇帝把国库里的东西赏赐给王公大臣，每个人可任取所需，没有数量上的限制。大臣们都拿最贵重的物品，而厍狄士文只用嘴衔着一匹绢，双手也只是各拿一匹。皇帝问他这样做的原因，厍狄士文说："我的嘴和手都已经满足了，其余的什么也不需要了。"皇帝惊异，就又送给了厍狄士文一批钱物。

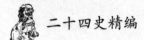

理　财

主幼政荒

帝幼而令善[①]，及长，颇学缀文[②]，置文林馆，引诸文士焉。而言语涩呐[③]，无志度，不喜见朝士。自非宠私昵狎[④]，未尝交语。性懦不堪，人视者，即有忿责。其奏事者，虽三公令录莫得仰视，皆略陈大旨，惊走而出。每灾异寇盗水旱，亦不贬损，唯诸处设斋，以此为修德。雅信巫觋[⑤]，解祷无方。……

宫掖[⑥]婢皆封郡君，宫女宝衣玉食者五百余人，一裙直[⑦]万匹，镜台直千金，竞为变巧，朝衣夕弊。承武成[⑧]之奢丽，以为帝王当然。乃更增益宫苑，造偃武修文台，其嫔嫱诸宫中起镜殿、宝殿、玳瑁殿，丹青雕刻，妙极当时。又于晋阳起十二院，壮丽逾于邺下。所爱不恒，数毁而又复。夜则以火照作，寒则以汤为泥，百工困穷，无时休息。凿晋阳西山为大佛像，一夜然[⑨]

油万盆，光照宫内。又为胡昭仪起大慈寺，未成，改为穆皇后大宝林寺，穷极工巧，运石填泉，劳费亿计，人牛死者不可胜纪。御马则藉以毡罽⑩，食物有十余种，将合牝牡⑪，则设青庐⑫，具牢馔⑬而亲观之。狗则饲以粱肉。马及鹰犬乃有仪同、郡君之号，故有赤彪仪同、逍遥郡君、凌霄郡君，高思好书所谓"驳龙逍遥"者也。犬于马上设褥以抱之，斗鸡亦号开府，犬马鸡鹰多食县干⑭。鹰之入养者，稍割犬肉以饲之，至数日乃死。

又于华林园立贫穷村舍，帝自弊衣为乞食儿。又为穷儿之市，躬自交易。写筑⑮西鄙诸城，使人衣黑衣为羌兵，鼓噪⑯凌之，亲率内参临拒，或实弯弓射人。自晋阳东巡，单马驰骛⑰，衣解发散而归。

又好不急之务，曾一夜索蝎，及旦得三升。特爱非时之物，取求火急，皆须朝征夕办，当势者因之，贷一而责十焉。赋敛日重，徭役日繁，人力既殚，帑藏⑱空竭。乃赐诸佞幸卖官，或得郡两三，或得郡六七，各分州郡，……于是州县职司多出富商大贾，竞为贪纵，人不聊生。爰[19]自邺都及诸州郡，所在征税，百端俱起。凡此诸役，皆渐于武成，至帝而增广焉。然未尝有帷簿[20]淫秽，唯此事颇优于武成云。

（《北齐书·幼主帝纪》）

【注释】

①“帝幼”句：帝，指北齐幼主高恒，后主高纬之子，即位时年仅八岁。令，善、美。②缀文：作文。③涩呐（nè）：说话困难而少说话。涩，语言艰难。呐，语言迟钝，不善讲话。④昵（nì）狎（xiá）：亲近。⑤巫觋（xí）：诬术。男巫称觋，女巫称巫。此指巫术。⑥宫掖：宫中。⑦直：通“值”。⑧武成：北齐帝高湛的庙号（公元561—565年在位）。⑨然：同“燃”。⑩毡罽：毛毯。罽，疑应为“罽”（jì），一种毛织品。⑪牝（pìn）牡：公母禽畜。牝、牡分别为母、公禽畜。⑫青庐：房屋。⑬牢馔（zhuàn）：精美的食品。牢，官府发给的粮食。馔，食物，多指精美食物。⑭县干：食干是北齐的制度。⑮写（xiè）筑：拆除建筑物。写，同“卸”，即拆除。⑯鼓噪：擂鼓助威。⑰驰鹜（wù）：像野鸭子那样快飞。鹜野鸭。⑱帑（tǎng）藏：钱财的收藏。帑，府库的钱财。⑲爰：句首语气词，无意义。⑳帷簿：指宫内。

【译文】

幼主高恒从小是十分善良的，等到长大，喜欢写文章，设置文林馆，常带些文人雅士去那里。而他说话结巴，不善言谈，没有大的志向和气度，不喜欢召见文武大臣。不是自己个人所宠爱和亲近的人，他从不和他们说话。性格懦弱，谁看他，就会遭到责骂，向他上奏政事的人，虽然是王公大臣，也不能抬头看他，都草草陈报大意之后，惊慌逃出。每当灾异寇盗水旱发生时，他也不自我反省，只是在各处设置斋戒，用这一手段来表示自己在修德。特别是信仰巫术，却对祭神祝告祈福去进行胡乱的解释。……

宫廷侍女都被封为郡君，宫女中穿着宝衣、吃玉食的人有500多，所穿的裤子值万匹，所用的镜台也值千金，相互攀比，早晨穿的新衣服，晚上就算是旧的而不用了。承袭武成帝的奢侈和华丽，认为帝王本应如此。更新和增添宫廷和苑林，修建偃武修文台，在他的嫔妃宫中建造镜殿、宝殿和玳瑁殿，用彩色的颜料雕刻，在当时是极为美妙的。又在晋阳建十二院，其壮观和美丽的程度超过了当时都城邺城。他所喜欢的东西是不断变化的。众多物品被毁多次之后而又要修复。夜间用火来照明，冷时用热水来取暖，手工业者困苦而贫穷，不能有丝毫的休息。雕凿晋阳西山成为一座大佛像，一夜之间就燃用了万盆油，以致远处的火光遍照宫廷。又替胡昭仪修建大慈寺，没有竣工，又改修穆皇后大宝林寺，穷尽一切技巧，从很远的地方搬运石头填塞泉水，所耗费的钱财不计其数，人中相继死去的不可计数。骑马所用的垫子是用毛织成的毯子，马吃的食物有十多种。把公母禽畜关在一起，并给它们盖上好屋室，用精美的食品去喂养，而且自己常去观看。狗用上等的肉食饲养，马和鹰狗都有如仪同、郡君的称号，所以有赤彪仪同、逍遥郡君、凌云郡君等名称，高思好书写的所谓“驳龙逍遥”就是这一类的。幼主还骑在马上，用褥子把狗包裹起来而抱在怀里，斗鸡也称开府，狗马鸡鹰都按县干的标准去喂养。鹰所吃的食物，则是从狗身上一点点割下的新鲜肉，狗被割肉而亡。

又是华林园设立贫穷的村庄，幼主自己穿着破烂的衣服去当小乞。又充贫困的孩子到街上去，亲自从事买卖。拆去国家西边的许多城镇，让人穿上黑色的衣服扮演羌族的士兵，擂鼓呐喊去攻打所扮的羌兵，并亲自率领军队去参战，有时用真的弓箭去射杀扮演者。从晋阳到东方巡游，自己单身匹马，脱衣散发，像野鸭似地飞速返回晋阳城。

而且他喜欢干一些不重要的事情，曾经有一天夜里到处搜索蝎子，到天明时，所找的蝎子竟有 3 升。对于一些在一定季节难以找到的东西，他特别喜欢，需求甚急，常常是早晨要的，晚上一定要办好。一些有权势的人利用这个机会大肆放贷，以一还十。赋税极重，徭役与日俱增，人民精疲力竭，国家府库所收藏的钱财也耗废一空。于是，就赐给一些所宠幸的人以官职，让他们出卖，有的得到两、三个郡，有的得到 6、7 个县，每个人都分有州郡。……因此，一些富商大贾控制了一些州县的职权，竞相贪污，人民无法生存。从邺城到各个州郡，都在征收重税，万事齐起。所有这些赋税徭役，都在武成帝时开始，到幼主时，税收的范围更加扩大。然而，幼主在宫内却不荒淫污秽，只有这一点比武成帝要好些。

北齐之亡

抑又闻之：皇天无亲，唯德是辅；天时不如地利，地利不如人和。齐自河清①之后，逮于武平②之末，土木之动不息，嫔嫱之选无已，征税尽，人力殚，物产无以给其求，江海不能赡其欲。所谓火既炽矣，更负薪以足之，数既穷矣，又为恶以促之，欲求大厦不燔③，延期过历④，不亦难乎！由是言之，齐氏之败亡，盖亦由人，匪唯天道也。

（《北齐书·幼主帝纪》）

【注释】

①河清：北齐武成帝高湛的年号（公元562—565年）。②武平：北齐后主高纬的年号（公元570—576年）。③燔（fán）：焚烧。④过历：超过时限。

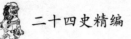

【译文】

听说："皇天无亲，唯德是辅"；"天时不如地利，地利不如人和"。北齐自河清年间以后，到武平末年，大兴土木、挑选宫女，从未间断；税收被征尽了，人力也用完了，本国所产的物品已不能满足他们的需求，大江大海也填塞不了他们的贪欲。这正是：火已经烧得够旺盛的了，还要背着柴草往上加，使它更加旺盛；气数已经尽了，还要作恶多端来加速他的灭亡。这样做还想要大厦不被烧掉，延长自己的统治期限，这是再难不过了！因此可以说，北齐的败亡，主要是由人造成的，而不仅仅是天道的原因。

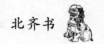

德 操

魏收作史 多撼于人

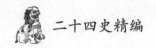

（天保）二年[1]，诏（魏收[2]）撰魏史。……初（文宣）帝令群臣各言尔志，收曰："臣愿得直笔东观[3]，早成《魏书》。"故帝使收专其任。又诏平原王高隆之总监之，署名而已。帝敕收曰："好直笔，我终不作魏太武诛史官。"始魏初邓彦海撰《代记》十余卷，其后崔浩典史，……李琰之徒世修其业。浩为编年体，（李）彪始分作纪、表、志、传，书犹未出。宣武[4]时，命邢峦追撰《孝文起居注》，书至太和十四年[5]，又命崔鸿、王遵业补续焉。下讫孝明[6]，事甚委悉。济阴王晖业撰《辨宗室录》三十卷。收于是部通直常侍房延佑、司空司马辛元植、国子博士刁柔、裴昂之、尚书郎高孝干专总斟酌，以成《魏书》。辨定名称，随条甄举，又搜采亡遗，缀续后事，备一代史籍，表而上奏之。……

……修史诸人祖宗姻戚多被书录，饰以美言。收性颇急，不甚能平，夙有怨者，多没其善。每言："何物小子，敢共魏收作色，举之则使上天，按之当使入地。"初收在神武时为太常少卿修国史，得阳休之助，因谢休曰："无以谢德，当为卿作佳传。"休之父固，魏世为北平太守，以贪虐为中尉李平所弹获罪，载在《魏起居注》。收书云："固为北平，甚有惠政，坐公事免官。"又曰："李平深相敬重。"

时论既言收著史不平，文宣[7]诏收于尚书省与诸家子孙共加讨论，前后投诉百有余人，云"遗其家世职位"，或云"其家不见记录"，或云"妄有非毁"。收皆随状答之。范阳卢斐父同附出族祖玄《传》下，顿丘李庶家《传》称其本是梁国蒙人，斐、庶讥议云："史书不直。"收性急，不胜其愤，启诬其欲加屠害。帝大怒，亲自诘责。裴曰："臣父仕魏，位至仪同[8]，功业显著，名闻天下，与收无亲，遂不立传。博陵崔绰位止本郡功曹，更无事迹，是收外亲，乃为《传》首。"收曰："绰虽无位，名义可嘉，所以合传。"帝曰："卿何由知其好人？"收曰："高允曾为绰赞，称有道德。"帝曰："司空才士，为人作赞，正应称扬。亦如卿为人作文章，道其好者岂能皆实?"收无以对，战栗而已。但帝先重收才，不欲加罪。时太原王松年亦谤史，及斐、庶并获罪，各被鞭配甲坊，或因以致死，卢思道亦抵罪。然犹以群口沸腾，敕魏史且勿施行，令群官博议。听有家事者入署，不实者陈牒。于是众口喧然，号为"秽史"，投牒者相次，收无以抗之。时左仆射杨愔、右仆射高德政二人势倾朝野，与收皆亲，收遂为其家并作传。二人不欲言史不实，抑塞诉辞，终文宣世更不重论。又尚书陆操尝谓愔曰："魏收《魏书》可谓博物宏才，有大功于魏室。"愔谓收曰："此谓不刊之书[9]，传之万古。但恨论及诸家枝叶亲姻，过分繁碎，与旧史体例不同耳。"收曰："往因中原丧乱，人士谱牒，遗逸略尽，是以具书其支流。望公观过知仁，以免尤责。"……

(孝昭)帝[10]以魏史未行，诏收更加研审。收奉诏，颇有改正。及诏行魏史，收以为直置秘阁，外人无由得见。于是命送一本付并省，一本付邺下[11]，任人写之。

其后群臣多言魏史不实，武成[12]复敕更审，收又回换。遂为卢同立传，崔绰返更附出。杨愔家《传》，本云“有魏以来一门而已”，至是改此八字；又先云“弘农华阴人”乃改“自云弘农”，以配王慧能自云太原人。此其失也。

（《北齐书·魏收传》）

【注释】

①天保二年：即公元551年。天保，北齐文宣帝高洋的年号。②魏收：生于公元506年，卒于公元572年。北朝北齐史学家。下曲阳（今河北晋县）人，善诗文。北魏时，编修国史；北齐时，奉诏编撰《魏书》。身为北齐大臣，所撰《魏书》多为北齐回护，尽毁北魏所修史书，被称为“秽史”。③东观：汉代宫中藏书处。④宣武：北魏帝元恪的庙号。⑤太和十四年：即公元490年。太和，北魏孝文帝年号。⑥孝明：北魏帝元诩庙号。⑦文宣：即北齐帝高洋。⑧仪同：官名，“仪同三司”的简称。⑨不刊之书：不能改动或不可磨灭的书。刊，代指削除刻错了的字，不刊，即言不可更改。⑩孝昭帝：即北齐高演的庙号。⑪邺下：今河北临漳县西南。⑫武成：北齐帝高湛的庙号。

【译文】

天保二年，下诏让魏收编撰魏史。……当初，文宣帝命令群臣各自说出自己的志向，魏收说："我乐意在东观秉笔直书著史，早日写成《魏书》。"因此，文宣帝让魏收专门负责编写《魏书》工作，又令平原王高隆之为总监，只负责署名罢了。文宣帝高洋还告诫魏收说："好一个直笔修史，我不会像魏太武帝拓跋焘那样诛杀史官崔浩。"开始，魏初邓彦海编撰《代记》10多卷，后来崔浩领导修史，……李琰等人连年编修，崔浩写成编年体，李彪开始分别作纪、表、志、传，史书还没有问世。宣武帝元恪时，又命令邢峦追记《孝文起居注》，一直写到太和十四年，又命令崔鸿、王遵业续写，下限时间一直延续至孝明帝元诩，历史记载十分详细。济阴王元晖业撰写《辨宗室录》30卷。魏收因此指挥通直常侍房延佑、司空司马辛元植、国子博士刁柔、裴昂之、尚书郎高孝干专门负责总的安排综合，写成了《魏书》。他们辨别、确定名称，对每一条记载进行鉴定，又收集散失的遗文，补续后面的事，终于完成了一朝史书，于是向皇帝上表报告。……

……参加修史人员的祖宗亲戚大多被写进《魏书》，并以美言相饰。魏收性情十分急躁，不能公平待人，对以前他所怨恨的人隐没他的优点。他常说："哪个小子敢和魏收作对，稍加抬举他可以上天，按压他可使他进入地狱。"开始，魏收在北齐神武帝高欢时任太常少卿；编修国史，得到过阳休之的帮助，所以，他感激阳休之说："对于您的帮助，我没有别的感谢，我一定在《魏书》里替您写一篇好的传。”阳休之的父亲阳固，魏时是北平太守，由于贪污和残暴被中尉李平弹劾而获罪，在《魏起居注》里有所记载。而魏收写道：“阳固在北平，非常廉政，因公事获罪而免官。”又说：“李平对他深为敬重。”

当时，人们纷纷议论魏收著史不公平，文宣帝高洋命令魏收到尚书省与许多被收入《魏书》的人的子孙进行辩论，先后对魏收投诉的人有100多人，或说：“遗漏我家世职位”，有的说“我的家世不被记录”，或说“妄自非议和毁灭”。魏收都能根据各人的具体情况而作出答复。范阳卢斐父亲卢同被附在其同族祖先卢玄《传》下，顿丘李庶家《传》中称李本来是梁国蒙人，卢斐、李庶讥嘲魏收说：“史书不公正。”魏收性情急躁，忍不了这么大的愤怒，陈述并控告卢、李二人想对他加以谋害。文宣帝大为恼怒，亲自加以盘问。卢斐说：“我的父亲在魏国任职，位至仪同三公，功绩相当显著，名闻天下，与魏收没有亲戚关系，就没有被立传。博陵人崔绰，官职仅仅是一个本郡的一个功曹，更没有其它事迹，因为是魏收的远亲，于是就把他放在《传》的开端。”魏收说：“崔绰尽管没有显赫的官职，但他的名声很好，所以把他写入合传。”文宣帝高洋说：“你怎么知道他是个好人？”魏收说：“高允曾经为崔绰写过赞，称赞他有道德。”文宣帝高洋说：“司空高允是个有才之士，为他人作赞，应当赞扬。也同你替他人写文章一样，称他好的难道都是事实吗?”魏收无以相对，只是因害怕而不停地颤抖。但文宣帝最看重的是魏收的才华，因此不对他加罪。当时，太原王松年也诽谤魏史，和卢斐、李庶一同获罪，各自遭到笞刑后而被发配到甲坊，有的因此而死亡，卢思道也获罪。然而，由于大家对魏史仍议论不止，文宣帝下诏魏史暂不推行，命百官广泛地加以议论。听任那些家事关魏史的人到衙署上来，让认为魏史不实的人投书陈述。因此，众口哗然，称魏史为“秽史”，投书陈述的人相次以进，魏收再也抵挡不住了。当时，左仆射杨愔、右仆射高德正二人权倾朝政，与魏收都很亲近，魏收就为他们的家族作传。二人不论说《魏书》史事不实，抑制控诉，在文宣帝时，人们就不敢再议论这件事了。再加上尚书陆操曾对杨愔说：“魏收的《魏书》，可以算得上博物宏才，对魏朝是一大功绩。”杨愔对魏收说：“这就叫着不刊之书，流传万代。令人感到惋惜的只是各家无关紧要的亲戚的传，过多而繁碎，与旧史的体例不同。”魏收说：“以前因为中原动乱，士人的家谱和牒传，丧失殆尽，因而具体写他们的分支。但愿您看见过失而知晓仁义，以免追究责任。”……

孝昭帝高演因为魏史没有刊行，下诏令魏收再加以研究和审查。魏收接受诏书后，对原《魏书》作了较大的改正。等到下诏魏史刊印，魏收认为它应放在秘阁，外人不得看阅。于是，命人送一本到晋阳，一本放在邺下，任人议论……

以后，群臣都说魏史不符合事实，武成帝高湛又下诏再次审查，魏收又回头更改。于是就为卢同立传，崔绰反而从传中取出。杨愔家《传》，本说“有魏以来一门而已”，这次改更这8个字，又先说“弘农华阴人”，改为“自云弘农”，以与王慧龙自己说是太原人相一致。这是魏收作《魏书》的过失。

传世故事

称兄道弟　志在谋权

北齐高祖神武帝高欢，字贺六浑，渤海蓨（tiáo）人。先仕后魏朝为臣。魏孝庄帝时，朝政大权执掌在尔朱荣手中，高欢战功不错被授为第三镇人酋长。尔朱荣很赏识高欢的才干，一次曾问帐下诸将："万一我不在，谁可统领军队。"诸将都回答说其侄尔朱兆可当重任，而尔朱荣却道："尔朱兆只能统率三千人马，能够代替我统领全军的惟有贺六浑哪！"他又苦心告戒尔朱兆道："你不是他的对手，早晚有一天会听命于他。"于是，任命高欢为晋州刺史。

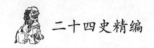

魏永安三年（530），魏孝庄帝诛杀了权臣尔朱荣。尔朱兆一怒之下，兴兵进攻洛阳。行前，派人召高欢相助。高欢见他以下犯上，不敢贸然相助，但又怕得罪了他，便借口蜀中未平，不便撤军，待平蜀后与他隔河成犄角之势云云，派长史孙腾婉言拒绝了他。尔朱兆攻破洛阳，囚禁并杀害了孝庄帝，又与尔朱世隆等立魏长广王元晔为帝，高欢被封为平阳郡公。很快，河西人纥豆陵步藩起兵进攻尔朱兆的后路，尔朱兆征调高欢迎击，高欢却拖延时间，等尔朱兆军被纥豆陵步藩击败后，才挥军进击，帮助尔朱兆杀掉了纥豆陵步藩。尔朱兆非常感激，与他立誓结为兄弟。

然而，高欢却在一直暗中寻找机会诛除尔朱兆这个把兄弟。当时，魏国政局混乱，反乱此起彼伏，尔朱兆不遑镇压，大为头痛。高欢乘机进言道：“六镇反叛作乱者，你不可能把他们斩尽杀绝。大王不如选派一位心腹，统领六镇兵众。如有叛乱，大王问罪他一个就可以了。”在座的贺拔允即插话道：“可以委高欢以重任。”高欢装作勃然大怒的样子，一拳打掉了贺拔允的一颗牙齿，骂他道：“天柱大将军尔朱荣在时，你不过是个听候驱使的鹰犬。如今天下，全由大王安排，你小子竟敢胡乱插嘴，信口开河!”已有醉意的尔朱兆见高欢如此尊重和忠实自己，当即委派他去统领六镇之兵。高欢恐怕尔朱兆酒醒后心生怀疑，便立即出去宣布自己受命执掌统军大权。

高欢兵权在手后，又以粮食紧张为由，要求移军山东。尔朱兆的长史慕容绍宗劝阻尔朱兆不要答应：“不能让高欢率军赴山东。如今天下骚乱，人心各怀异志，高欢又有雄才大略，手握重兵。如让他去山东，无异于放虎归山，将来无法收拾。”尔朱兆却不以为然地说：“他是我拜把子的兄弟，没有什么值得担心的。”慕容绍宗说道：“亲兄弟都靠不住，更何况拜把子了。”尔朱兆的左右早就收了高欢的贿赂，都说慕容绍宗想公报私仇，尔朱兆便囚禁了慕容绍宗，催促高欢立即移军山东。

途中，高欢遇上了尔朱荣妻北乡长公主的三百匹马，就命人全部夺为己有。尔朱兆闻讯后，放出慕容绍宗，请教如何采取对策，慕容绍宗劝他立即追回高欢。他追到襄垣时正碰到漳水暴涨，冲断了桥梁，大军一时无法过河。高欢隔河向尔朱兆拜道：“我借公主的马匹，是为了防备山东盗贼。大王听信公主的话，亲自追我，您渡过河，我虽死不辞，然而这些兵众恐怕会哗变啊。”尔朱兆生怕大军倒戈，忙说并非想捉拿他，又单人匹马渡过漳水，向高欢表示歉意。尔朱兆还把刀送向高欢，说不相信他就请他砍下自己的脑袋。高欢大哭道：“天柱大将军死后，我惟愿大家千秋万代戮力同心，如今小人挑拨离间，您何苦口出此言！”尔朱兆于是把刀扔在地上，杀掉一匹白马，与高欢歃血为盟，誓为生死与共的兄弟。是夜，尔朱兆就留宿在高欢的军营内，高欢手下的尉景埋伏下壮士，准备逮捕尔朱兆，高欢劝阻道：“要是现在杀掉他，他的党羽必定跑回去集合人马。我方兵饥马瘦，无法对付。而且万一有野心家乘乱崛起，就更不好收拾。不如先留着他，他是骁勇凶恶，但缺谋少断，抓不抓他，无足轻重。”

第二天一早，尔朱兆过河回营，又召高欢前去。高欢上马欲行，长史孙腾拉着他的衣服，不让他过河，对岸的尔朱兆看到后，破口大骂了孙腾一顿，便无可奈何地率军返回了晋阳。

高欢移军山东，养精蓄锐了一段时间后，于魏晋泰元年（531）六月，正式树起了征讨尔朱氏的大旗。永熙二年（533），尔朱兆终于被把兄弟高欢追得无路可走，自缢而死。

（《北齐书·神武帝纪》等）

高欢试子

高欢因祖父犯法，徙居怀朔镇（今内蒙古固阳西南）。高欢以功劳任北魏大丞相，控制着朝政，后逼走孝武帝，另立孝静帝，迁都邺城（今河北磁县南），称东魏，一直控制着朝政。

高欢儿子众多，长子名高澄，次子名高洋，此外还有高演、高湛等（高湛是其第九子）。据《北齐书》记载，次子高洋生后，显出种种异相。有一个看似半疯半傻的和尚为高欢的儿子逐一看相，评说不一。待看到高洋，和尚却举起手来，再三地向上指着天，一句话也没有说。这意思，显然是影射高洋后来能做到皇帝。这些记载难以凭信。事实上，高洋虽然很有才华，外貌却很不出众，他的哥哥高澄常讥笑说：“他如果也能富贵，我看世上的种种相法也就不足凭信了！”但父亲高欢却很赏识高洋的才能，对人说道：“这孩子的聪明超过我小时候。”高洋拜范阳卢景裕为师，卢景裕也认为高洋识见过人，深奥难测。

为看看儿子们的见识才能，在他们小时的时候，高欢拿出一大把乱麻丝，要儿子们把它理好。别的儿子全都手忙脚乱，大理特理，而始终一筹莫展，无法理清。独有高洋不假思索，抽出刀来，将乱麻一刀斩断，说道："乱麻就要这样干干脆脆用快刀斩断。"高欢对高洋十分赏识。

为了试试儿子们的胆识和军事才能，后来，高欢特意为儿子们各自配备一些兵马，让他们出去，又指派彭乐带领兵马假装进攻他们。高洋的哥哥高澄和其他诸子都吓坏了，一时不知所措，高洋丝毫不怕，指挥手下兵马与带兵佯攻的彭乐开战。因为并非当真，所以彭乐脱下战服休战，向高洋说明情况。高洋却十分认真，不肯当作儿戏，硬是将彭乐擒住，献给父亲高欢，才算作罢。高欢从这种种事情中，充分知道了高洋的才能。

公元547年，高欢病死，高澄继承父亲职位执掌朝政。没过多久，其厨子兰京因受其杖责，怀恨在心，便与其党徒六人密谋谋刺高澄作乱。高澄全然没有警惕，兰京藏刀于盘中，假装送食物给高澄，终于将高澄杀死。朝廷内外听到这突然事变，都很惊慌，高洋十分镇定，指挥部众将谋反的兰京等六人全部杀死，以漆漆其首级。为了不致引起混乱，便镇定地对外宣布道："几个奴才想要造反，大将军受了伤。不过还好，也没有什么大不了的伤处。"

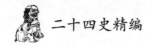

高洋在种种事情上，表现出了他的非凡才能。高澄死后，他继承父兄遗志，控制东魏朝政。到公元 550 年，高洋废东魏孝静帝自立，建立了北齐朝。在位时，他努力推行汉化政策，使北齐统治一度巩固，又下令改定律令，简化政令，实行了不少改革。还屡次出击突厥、柔然，南伐梁朝等，也算是一个有所作为的皇帝。

（《北齐书·文宣帝纪》）

宠子为害子之祸根

北齐武成帝高湛立长子高纬为太子，而第三子高俨年尚幼，被封为东平王，并给以不少官职。高俨是胡皇后所生，因从小聪明伶俐，所以深得高湛和胡皇后宠爱。高湛常称赞他道："这孩子很有点小聪明，将来恐怕会有点出息。"因觉得高纬才能不好，曾一度想废高纬而立高俨为太子。

由于娇宠，高俨变得骄横跋扈。北魏朝廷旧制，凡御史中丞出行，以仪仗清道，无论王公大臣，都要勒住车马避让一旁。要不然，中丞随从便用红棍责打之。但这种旧制自东魏以来，便早已废弃不用。此时已是北齐时代，高俨以京畿大都督、领军大将军兼御史中丞，却仍然要按照以前的旧制度，出行时仪仗林立，大耍威风。文武百官不论其官职大小，只要不及避让，便声称奉皇帝圣旨，用红棍狠打，打得马翻人跌。武成帝和胡皇后知道了，不仅不加阻止，反而哈哈大笑，认为儿子能干。

平时的衣服器物以至于玩物之类，一切待遇，高俨都要与太子高纬一样。这一些，全都由朝廷供给。有一次，下面的官员献新冰和早李子，高俨没有得到，便大发雷霆，大骂："我皇兄都有了，为什么我就没有?"自此以后，只要太子高纬得到一样新奇的东西，手下的官员和负责制造此物的工匠就一定会倒霉，被高俨找个茬子治罪。尽管高俨和太子高纬生活待遇一样，没有什么差别，胡皇后却并不感到满足，仍觉得亏待了这个宝贝儿子。由于其父母亲的娇宠，高俨刚刚十岁，便已变得十分奢侈任性。他喉咙常有毛病，医生用针给他治疗，高俨毫不惧怕，为此，他十分自负，对父亲高湛说："像我哥哥那么懦弱，哪里能统率文武朝臣!"可见其狼子野心。

武成帝死后，高纬即位，称后主，高俨被改封为琅琊王。由于高湛和胡皇后的一再放纵，高俨养成了骄横跋扈、不可一世的性格。父亲一死，他的胆子就更大了。高俨和宰相和士开逐渐产生了矛盾，到北齐武平二年（571）四月，高俨除了太保和中丞之职以外，其余官职均被解除。高俨认为是和士开从中说了坏话，便想要除去和士开。于是与部下冯子琮等想了一个办法，假传圣旨，竟擅自将当朝宰相和士开杀掉了。高纬见高俨如此胆大妄为，便与朝臣密议，派刘桃枝将高俨诱杀了。

被杀的时候，高俨才刚刚十四岁。为了安慰胡皇后，高俨死后，高纬还赐以谥号，称楚恭哀帝。

子不教，父之过。而高俨的失教，还包括其母亲胡皇后的过失在内。高俨短暂的一生，深刻说明了有子不教的害处，这是一个极为典型的反面事例。北齐颜之推撰《颜氏家训》，特意将此事写进书中，其用意也是为了让其子孙从中吸取深刻的教训。

（《北齐书·武成十二王传》）

人物春秋

神武皇帝——高欢

齐高祖神武皇帝，姓高名欢，字贺六浑，渤海蓚地人氏。高欢的父亲树，性格旷达坦率，不理家业。居住在白道的南侧，这里曾多次出现过赤光紫气，邻近的人们认为是灾祸作怪，劝他搬家避害，可他却说："这难道不是吉兆？"依然住在此地未动。高欢生后，其母韩氏死了，父亲便把他寄养在姐夫镇狱队尉景的家里。

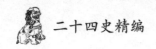

神武帝高欢世代定居在北方边地，所以习惯了当地的风俗，成了地道的鲜卑人。年岁稍长，深沉稳重、豁达大度，轻财重友，被豪侠们所尊崇。两眼炯炯有神，长脖子高颧骨，齿白如玉石，俱备罕有的俊杰伟人风度。家境贫寒，到与武明皇后行定婚礼时，才开始有马，当兵入镇做了队主。镇将、辽西人段长时常惊叹神武帝的容貌，对他说："君有济世安民之才，不会虚度一生的。"并且将子孙托付给他照顾。当神武大富大贵之时，追赠段长为司空，提拔他的儿子宁做了官。神武帝从队主升任函使。一次乘驿马经过建兴，这里顿时云遮雾障，随之雷风尘升腾。又曾经梦见自己穿着很多星辰做成的鞋在赶路，醒来时暗自高兴。做了六年的函使，每次到洛阳，都被令史麻祥驱使。祥曾经让神武吃肉，神武没有站着吃的习惯，便坐下来吃了。祥认为神武坐着吃是大不恭敬，用鞭子狠狠地将他抽打了四十多下。从洛阳回来后，神武倾尽所有来网罗人才，亲戚朋友无法理解这种行为，就向他打听。神武回答说："我到洛阳，看到宿卫、羽林的兵士接连放火焚烧领军张彝的住宅，朝廷害怕兵变不敢惩办凶手，像这样执掌国政，其结果就可想而知了。钱财物品难道能永远归一人所有吗?"自此，便有了澄清天下的志向。同怀朔镇省事云中人司马子如、秀容人刘贵、中山人贾显智成了奔走之友，怀朔镇户曹史孙腾、外兵史侯景也成了神武的好朋友。刘贵搞到了一只白猎鹰，和神武以及尉景、蔡俊、子如、贾显智等一块到沃野打猎。看见一只赤兔，纵鹰追赶，兔子却逃跑了，他们循着兔子跑的方向，追到了深泽之中，深泽里有座茅屋，兔、鹰正想跑进去的时候，有条狗突然从屋里冲了出来，咬死了赤兔白鹰。神武见此大怒，用响箭射死了狗。见狗被杀，屋内一下子跳出两个人，抓着神武的衣领，扭着不放。这两个人的母亲双目失明，拖着拐杖喝斥道："为何触犯大家?"令二子取出瓮中好酒，杀猪宰羊，盛情款待神武一行。又自称会相面，把他们一一抚摸，结论都是大贵之相，不过，均得由神武统领节制。还说：“司马子如居官显赫，贾显智却不能善终。”饭毕出门，行了几里地后再返原地时，屋舍人烟皆无原来那老妇是个神灵仙人。因此，朋友们越发尊崇神武。

孝昌元年（525），柔玄镇人杜洛周在上谷扯旗造反，神武便和志同道合者参加了他的队伍。由于瞧不起杜洛周的行事，私自与尉景、段荣、蔡俊等谋划，试图杀死杜洛周，没有成功，而遭杜氏的骑兵追捕，文襄帝及永熙皇后两人年纪都小，武明皇后坐在牛背上抱着这两个孩子。文襄多次从牛背上滑落下来，神武准备射死这个儿子好快些逃走。武明皇后恳求段荣救助，幸得段荣夺下神武手中的弓箭，文襄才幸免于死。神武投奔葛荣，又逃亡到秀容，归附尔朱荣。早些时候，刘贵服事尔朱荣，极力赞誉神武之美，此时才得见面，由于疲劳憔悴，没有引起尔朱荣的惊奇。刘贵便帮神武更衣换鞋，又一次见了面。继而跟着尔朱荣进到了马厩，厩中关着匹烈马，尔朱荣命令神武缚起他来。神武未用马络头就捆绑住了，而且马一直是服服贴贴的。完事后，站起身来说：“制服恶人就像降服这匹马一样。”尔朱荣便请神武坐在椅子上，屏除左右向他请教时事。神武说：“听说您在十二座山谷里喂养着马匹，以马的颜色划分为群，如此做有何用意?”尔朱荣说：“你尽管谈你的高见吧。”神武说："当今天子愚笨懦弱，太后淫乱，小人专权，朝政混乱，凭您的雄才武略，乘此良机作为一番，讨伐郑俨、徐纥，清除帝侧、成就霸王之业不过是举手之劳。这便是我贺六浑的看法。"尔朱荣喜不自禁，从中午一直谈到深夜，神武才告辞离去。从此之后多次参预机密。后随尔朱荣移据并州，入阳邑人庞苍鹰宅，住在园形草屋中。每次从外边回来，即使他还在很远的地方行走，屋主人都能听到十分响亮的脚步声。苍鹰的母亲多次看到草屋顶上赤气冲天。有次苍鹰打算潜入神武的草屋，却被一执刀的青衣人拦住，叱问道："为何触犯大王？"说完，便没了身影。苍鹰开始惊异，曾密密地窥视，只见一条赤蛇蟠卧在床上，因而更加惊讶。于是宰牛割肉，以厚礼相待。苍鹰之母请求神武做自己的义子。到神武得志，将苍鹰的住屋作为寝宫，称为"南宅"。宽门大户，屋室高敞，他曾经居住过的茅草屋，其墙则用石灰涂抹，给以认真保护，到文宣帝时便成了宫殿。不久，尔朱荣便任命神武做了亲信的都督。

此时，北魏孝明帝不满郑俨、徐纥等人逼迫灵太后的行为，但却不敢制裁，就偷偷下令尔朱荣举兵围攻都城。尔朱荣指派神武为前锋。军队抵达上党，明帝密诏停止前进。到明帝突然驾崩时，尔朱荣才举兵进入洛阳，准备趁机篡政。神武进谏，怕他不听，就请铸铜像卜其吉凶，铜像没有铸成，因此尔朱荣也就停止了篡权活动。魏孝庄帝即位，由于定策的功劳，封神武为铜鞮伯。尔朱荣攻打葛荣，命令神武开导晓谕七个称王的盗贼归服。后同行台于晖在泰山打垮了羊侃，又很快在济南与元天穆一块大败邢杲。升官为第三镇人酋长，时常出入于尔朱荣的军帐。尔朱荣曾向左右打听说："假如哪天没了我，谁可顶替我统帅军队？"众人都推尔朱兆。尔朱荣说："这正好可以让他带领三千骑兵返归，能够代我主大事的只有贺六浑这个人。"并告诫尔朱兆："你不是他的对手，最终你会被人家制服的。"就任命神武做了晋州刺史。神武为刺史后大力集聚财粮，安排刘贵贿赂收买尔朱荣手下的重要人物，目标接连实现。这时州中仓库的屋角无缘无故地发出声响，神武惊异，不多时日，孝庄帝诛杀了尔朱荣。

尔朱兆率兵从晋阳赶赴洛阳，征召神武。神武打发长史孙腾借口绛蜀、汾湖诸地将要反叛，情况危急而予以推辞，尔朱兆就怀恨在心了。孙腾回来向神武作了报告。神武说："尔朱兆领兵犯上，是最大的盗贼，我不能长期事奉他。"自此便有了图谋尔朱的打算。尔朱兆一进入洛阳，押解着孝庄帝往北而去，听到这个消息，神武大吃一惊。又派孙腾假装成祝贺尔朱兆的使者，趁机秘密打听孝庄帝的囚拘之所，准备偷抢出来，以举大事，却没有成功。于是写信向尔朱兆晓以大义，说不应拘押天子而让天下人唾骂。尔朱兆不予理会，杀了孝庄帝，同尔朱世隆等人立长广王晔为帝，改年号为建明。封神武为平阳郡公。当费也头纥豆陵步藩侵占秀容，紧逼晋阳时，尔朱兆招唤神武。神武准备前往，贺拔焉过儿请求不要赴命好使尔朱兆陷入疲困。神武就故意延滞逗留，还借口河上无桥没法渡过。步藩兵强马壮，尔朱兆大败逃跑。当初，孝庄帝处死尔朱荣，预料到他的党徒一定会有反叛之心，就秘密诏令步藩偷袭他的后部。步藩打败尔朱兆后，军队人数增多，力量更大，尔朱兆又向神武求救，神武暗底里想谋取尔朱兆，又考虑到步藩在后部的祸患难以消除，于是就同他配合，竭尽全力打败了步藩。步藩死，尔朱兆十分地感恩戴德，两人便结拜成了兄弟。这时世隆、度律、彦伯共同执掌朝政。天光占据关右，尔朱兆盘踞并州，仲远领有东都，各自拥兵为暴，却害苦了老百姓。

葛荣部众流亡入并、肆两地者达二十多万，却遭契胡凌辱残害，无法生活，举行了大小二十六次反叛，受屠戮者过半，但他们依然处于无休止的被掠夺之中。尔朱兆因而担忧，就向神武请教处置的办法。神武说："六镇造反留下来的人，不能全部杀掉，应该挑选您的心腹之人悄悄地统领起来。如再造反，只向其头目问罪，那么想造反的人就减少了。"尔朱兆说："是呀，谁可担当此项任务?"当时坐在旁边的贺拔允听说后，马上为神武请求这个差事。神武向其猛击几拳，打断了他的一颗牙齿，数落说："天柱在世时，我辈老老实实，像鹰犬一样地听使唤。那么今天的安排全在大王。你阿鞠泥胆敢诬下欺上，我请求大王杀了你!”尔朱兆以为神武忠诚，就委以这项重任。神武感觉到尔朱兆喝醉了，担心他酒醒后起疑心生悔，马上出门，向人们宣布自己受尔朱兆之托统领本州镇兵，可以聚集汾东待命。接着在阳曲川建立军旗，布置战阵。有个叩击军门的男子，头裹红巾身著红袍，自称是梗杨驿站的人，愿意服侍左右。神武问他有何特长，答曰力大无比，常在并州城里殴打那些杀人凶手，因此留他做了亲信。兵士们一向讨厌尔朱兆而喜欢神武，在这个时候纷纷前来投靠。不久，神武再次派遣刘贵向尔朱兆提出请求，以并、肆等地连年天灾，迫使降户挖掘黄鼠作为充饥之食，所以人人面有菜色，白白玷污了人家的土地，希望让这批人前往山东谋生，等待温饱之后再作安置。尔朱兆接受了神武的建议。可是尔朱兆的长史慕容绍宗不同意，进谏说：“这样不妥吧？如今天下大乱，人人都有野心，何况高公雄才大略，又手握重兵，您将无法驾驭。”尔朱兆说：“我们是结拜兄弟，没有什么担忧的。”绍宗说：“亲兄亲弟都会互相猜疑，结拜兄弟就更加难免了。”此时尔朱兆的左右都接受过神武的贿赂，便乘机攻击绍宗与神武早有矛盾，这样尔朱兆就拘捕了绍宗，并催神武赶快上路。神武从晋阳动身出了滏口。途中碰到了尔朱荣寡妻乡郡长公主，长公主从洛阳带了三百匹马来，神武全部夺归已有。尔朱兆听到这个消息，马上释放绍宗，并向他请教对付神武的办法。绍宗说：“他还是大王的掌中之物。”尔朱兆亲自追赶神武，抵达襄垣，恰逢漳水暴涨，桥被冲坏。神武在漳河对岸解释说：“我借用长公主的马匹，没有别的企图，只是为了防备山东的盗贼而已。大王您听了公主的话，亲自追我，眼下不渡过河来狠狠给以训斥的话，兵众便生叛离之心。”尔朱兆自称没有这种想法，便骑着马渡过河来，与神武一同坐于军帐之下，道歉后，拔出刀还伸过头来，请求神武砍杀。神武号哭着说：“自从天柱遇难后，我贺六浑再也没有靠山了。我祝愿大王您千岁万岁，好让我永远为您服务。如今有人这样挑拨离间，大王您为什么还要讲出这样的话来？”尔朱兆掷刀于地。于是杀白马结盟，再为兄弟。神武留尔朱兆住下，还设宴款待。尉景事前埋伏兵健试图将其生擒。神武咬破胳膊制止说：“如现在把他处死，他的部众一定要跑回去聚集兵马报复的。我们的士兵饥饿，战马羸弱，不可抗衡，倘若此时英雄豪杰振臂一呼，那么祸害就会更加厉害。不如姑且让他多活几天。尔朱兆虽然力大敏捷，凶残却无谋略，不是我们的对手。”第二天，尔朱兆返回军营后，又召请神武，神武准备骑马前往，孙腾拉了拉他的衣服，神武就没有上道。尔朱兆隔着漳水大声谩骂，之后跑回了晋阳。尔朱兆的心腹念贤带领降户人家分别组成营伍，神武假装亲近，借口观看他的佩刀，顺势杀掉了他和几个随从，其余的侍卫吓得赶快逃走。士众都十分地喜悦，更加希望跟从神武——当初，魏真君的侍从文人上书，说上党有天子气，位居壶关大王山。太武帝南巡抵制压迫这种天子气，垒积石块成为三堆，截断北侧的凤凰山，破坏了它的形体。后来定居于晋阳的上党人，称自己的住地叫“上党坊”，事实上，神武就住在这里——行进到大王山，驻扎了六十多天才开拔。快出滏口时，更是注意约束部众，力争丝毫不犯。从麦地边走过，神武则步行牵马。远近的民众都称赞高仪同治兵严整，更加心悦诚服地加以归顺。继续前进，屯驻邺地，向相州刺史刘诞借粮，诞不给，神武就将车营租米夺了过来。

魏普泰元年（531）二月，神武率军驻扎信都，高乾、封隆之大开城门等候着，很快就占领了冀州。本月，尔朱度律废元晔立节闵为皇帝，想羁縻住神武，三月，请求节闵封神武为渤海王，征召使其入朝觐见。神武推辞未去。四月癸巳日，又加授神武东道大行台、第一镇人酋长。庞苍鹰从太原跑来投奔，神武任命他做行台郎，不久升任安州刺史。神武率众挺进山东，养育兵士，修理武器，禁止侵掠，更赢得了百姓的归附。神武伪造书信，说尔朱兆拟将六镇人分配给契胡为部曲，因此使这些人十分的愁苦怨恨。又制成并州符节，征兵讨伐步落稽。发动万人，准备派遣出去，孙腾、尉景假意请求延缓五天动身，这样反复了几次。神武亲自送到郊外，流着泪向六镇人道别，人们都十分悲痛，哭声震天。神武开导说：“我和你们一样，同是流离失所之人，正因为如此，我们就是一家人，想不到大王突然有此征召。一直向西吧，按法令规定该杀，延迟军期吧，也是被杀，分配给契胡人吧，还是死，怎么办啦?”六镇人说：“只有反了。”神武说：“造反是最好的办法，但应推举一人主持。”众人都愿意听从神武指挥。神武又说：“我们乡下人难以约束，葛荣的下场大家看到过吧？虽拥众百万，无条令法律，结果便是自取灭亡。眼下大家推我为主，应当与以前有所区别，即不得欺侮汉人，不得触犯军令，死生均听任我安排才行，否则，就会被天下人耻笑。”众皆诺诺，死生听命。神武佯装无奈何。次日，杀牛犒劳士卒，宣布攻讨尔朱兆的用意。封隆之进言说：“真是千载一时的好机会，天下所有人的大幸。”神武回答说：“讨伐盗贼，大顺民心；拯救时局，大功伟业。我虽不武，以死继之，那敢推辞呢。”

六月庚子日，在信都举起义旗，但还没有公开背叛尔朱氏。到李元忠与高乾平定殷州，斩尔朱羽生头颅前来拜谒，神武捶胸道：“今天反定了!”于是便委元忠为殷州刺史。此时，军力猛增，乃上书揭发尔朱氏罪行，但世隆等人扣压上书没有向节闵帝禀告。八月，尔朱兆攻克殷州，李元忠逃到了神武驻地。孙腾认为朝廷隔绝，不临时立一天子，那么众望就无所归依。十月六日，奉章武王融之子渤海太守朗为皇帝，年号中兴，这便是魏朝的废帝。时度律、仲远军队驻扎在阳平，尔朱兆与他们见了面。神武采用窦泰计策，实行反间，度律、仲远不战而返，神武便在广阿打败了尔朱兆。十一月，进攻邺城，相州刺史刘诞闭城固守，神武命令兵士堆起土山，挖掘地道，并到处立起大木柱，之后一齐点火焚烧这些柱子，城陷到了地下。这时麻祥为汤阴县令，神武喊他“麻都”，麻祥羞愧，逃走了。永熙元年（532）正月十七，攻克邺城，并占领了它。废帝晋升神武为大丞相、柱国大将军、太子太师。与此同时，在青州树起义旗的大都督崔灵珍、大都督耿翔一齐派遣使者请求归附，行汾州刺史事刘贵弃城并来投降。闰三月，尔朱天光从长安，尔朱兆由并州，度律从洛阳，仲远由东都出发会集邺城，号称兵众二十万，依洹水布置战阵，节闵帝委派长孙承业为大行台总督其事。神武命令封隆之固守邺城，自己率兵离邺屯驻紫陌。此时神武拥有的战马不足两千，步兵不满三万，众寡悬殊。神武在韩陵布置圆的军阵，连结牛驴阻塞了归路，使得将士都有了决一死战的斗志，四面八方攻打敌人。尔朱兆谴责神武叛逆。神武称：“戮力同心，为的是共同辅佐王室，如今皇帝在哪?”尔朱兆答：“永安皇帝冤杀天柱，我只不过是替他报仇罢了。”神武道：“我往昔亲耳聆听了天柱的大计，当时你就站在门前，难道能讲不反的话吗？再说君杀臣，有何仇可报？今天我们就断绝关系吧。”言毕，双方交战，神武大胜。尔朱兆对着慕容绍宗拍打着胸脯说：“我不听您的话，终于得到了如此下场。”

说着就想轻装逃跑。绍宗将前军旗帜移后，吹响鼓角，收聚残兵，组成军队的阵势向西撤去。高季式率七骑追击，翻过野马岗，碰到了尔朱兆。高昂在很高的地方都看不到季式，哭泣着说："我失掉了亲弟弟啦!"夜很深了，季式才回来，血流满衣。斛斯椿反道而行先占据了河桥。当初，即晋泰元年（531）十月，岁星、荧惑、镇星、太白相聚于觜，亮惨惨的。太史占卜后说："王者兴起之兆。"此时神武从信都起军，此时已打败了尔朱兆等部。四月，斛斯椿捉住天光、度律解送到了神武那里。长孙承业派遣都督贾显智、张欢入洛阳，活捉了世隆、彦伯，并开刀问斩。尔朱兆逃到并州。仲远跑往梁州，不久就死在了这里。是时凶暴已除，朝廷喜悦。当初战事未起的前一个月，章武人张绍半夜里突然被几位骑士挟持翻过城墙，来到一大将军面前。大将军命令张绍做向导，领兵往邺，为的是辅佐朝廷除去残贼。张绍回过头来看时，士卒极多，但却异常整肃没有丝毫声响。快到邺城了，才放他回家。到交战这天，尔朱氏军人见军阵外神武的骑兵步卒四面逼近，大概是得到了天神的帮助。

紧接着神武就进入了洛阳，废掉节闵帝和中兴主而立孝武。孝武即位，授神武大丞相、天柱大将军、太子太师、世袭定州刺史，增加封地连前累计十五万户。神武不接受天柱大将军之职，并请求减少五万封户。还邺，魏帝在乾脯山摆设告别宴席，同神武手拉手相互道别。七月壬寅日，神武率部北伐尔朱兆。封隆之说："侍中斛斯椿、贺拔胜、贾显智等人以前服侍尔朱氏，都是忘恩负义之徒，现在住在京城，受宠遇，一定会制造事端的。"神武很是赞同这一看法，押解天光、度律来京师后，予以处死。于是神武从滏口进入。尔朱兆大肆抢掠晋阳，北保秀容。平定并州。神武认为晋阳四周阻塞，就将大丞相府安置到了这里。尔朱兆已经到了秀容，分兵把守险要之处，时常派兵骚扰。神武宣言讨伐，却是干打雷不下雨，因此尔朱兆放松警惕。神武估摸到新年时尔朱兆要宴会，就派遣窦泰率领最精锐的骑兵急奔秀容，一天一夜跑了三百多里，接着神武又派出主力紧随其后。二年正月，窦泰悄悄地进到了尔朱兆的庭院之中。尔朱氏的兵士十分的慵懒，猛然看到窦泰的骑兵，都惊慌而逃，追赶到赤洪岭，打垮了他们。尔朱兆上吊自杀，神武亲临丧场，用厚礼安葬。慕容绍宗带着尔朱荣的妻、子和剩余的部众固守乌突城，投降后，神武认为他有义，待其十分的厚重。

神武占据洛阳后，尔朱仲远部下都督桥宁、张子期从滑台赶来归附，神武认为他们助桀为虐，而且反复无常，就杀掉了他们。斛斯椿因此内心恐惧，就与南阳王宝炬及武卫将军元毗、魏光、王思政在魏帝面前诬陷神武。舍人元士弼又奏报神武接受诏书时极不恭敬。先前魏帝对贺拔岳有疑心。孝明帝时，洛阳城中两拔互相搏击，谣言说："铜拔打铁拔，元家世将败亡。”好事者附会二拔为拓拔、贺拔，讲的是这两家都即将衰败的征兆。此时司空高乾密函告知神武，称魏帝贰心，神武就将此密信上呈。魏帝就杀了高乾，又遣东徐州刺史潘绍业密令长安太守庞苍鹰杀掉高乾的弟弟昂，昂早就听到兄遇害的消息，用长矛刺柱，在路旁埋伏壮士活捉了潘绍业，并从其身上搜到了魏帝敕书之后，前来投奔神武。神武抱着高乾的头颅，哭着说：“天子冤杀了的司空！”马上让人用白武幡安慰其家属。这时高乾的另一个弟弟高慎在光州，为政严猛，又纵容部下巧取豪夺，魏帝撤了他的职。高慎听到消息，打算逃亡梁州。其部将劝慰道：“您有大功于国，不一定受株连。”高慎就穿着破衣推着小车回到渤海。路上遇到使者，就跟着投奔了神武。从此魏帝与神武有了隔阂。

阿至罗人正光以前常向魏称臣，自从朝廷多事，都叛变了。神武派遣使者招纳，他们就归顺了。先前，魏帝诏令平定贼寇后，罢除行台。到那个时候，异族纷纷归附，又授神武大行台，给予相机处分的权力。神武送给异族人粮食衣服，旁人认为这是浪费，得不到益处，神武不听，一如既往地进行安抚。酋帅吐陈等人感恩不尽，都愿意听从指挥，救曹泥，取万俟受洛干，起了极大作用。河西费也头人纥豆陵伊利盘据河池，拥众恃险，神武虽多次派遣使者招附，但他却不顺从。

天平元年（534）正月初九日，神武率军前往河西，征讨费也头人纥豆陵伊利，取胜后，将其部众迁往河西。

魏帝心中有异，时侍中封隆之私底下对孙腾说，隆之妻亡，魏帝想把妹妹嫁给他。孙腾不信，但内心生起嫉妒，就把这件事偷偷地告诉了斛斯椿。斛斯椿向魏帝做了报告。另外孙腾带兵器进禁省，擅自杀了御史。两人同时逃走，投奔神武而来，向神武诉说魏帝在自己面前殴打舍人梁续，光禄少卿元子干捋袖伸臂跑来帮忙，并对孙腾说："告诉你的高王，元家儿拳就这个样子。"领军娄昭托病回到晋阳。魏帝就让斛斯椿兼任领军，分别安排诸将以及河南、关西等地刺史。华山王鸷在徐州，神武派邸珍夺走了他的钥匙。建州刺史韩贤、济州刺史蔡俊协同神武举义，魏帝对他们极其仇视。因此裁撤建州剥夺韩贤的要职，命令御史中尉綦俊侦察蔡俊的犯罪事实，派开府贾显智做济州刺史，蔡俊不服，魏帝愈加恼怒。

五月魏帝下诏，称要征讨句吴，调集河南各州兵士，增加皇宫宿卫，派人守护河桥。六月初六日，魏帝秘密诏令神武："宇文黑獭自从平定秦、陇之后，多有非分之求，倘有变动欺诈，务请策划处理。不过，宇文氏的表、启之中还没有暴露出彻底的反叛之心，攻讨之事不可匆匆决定，因此召集大臣，商议是否可行。都说以南伐为名，内外戒严，一来防备黑獭突然起事，二来可以威逼吴、楚。"此时魏帝准备攻打神武，正在调兵遣将，担心神武怀疑，所以下诏解释。神武则上书说：

"荆州同蛮地相接，距畿服较近，关陇依仗边远，欲有逆谋。臣现在悄悄领兵三万，拟从河东渡过黄河；又命令桓州刺史库狄干、瀛州刺史郭琼、汾州刺史斛律金、前武卫将军彭乐统兵四万，从来违律渡河；派遣领军将军娄昭、相州刺史窦泰、前瀛州刺史尧雄、并州刺史高隆之率兵五万，攻打荆州；调集冀州刺史尉景、原冀州刺史高敖曹、济州刺史蔡俊、前侍中封隆之带兵七万、突骑五万，进军江左。都必须严格约束部众，认真听从指挥。"魏帝感觉有异，就拿出神武的上表，命令百官评议，希望能制止神武各路兵马行动。神武也马上召集在州郡的僚佐，请他们广泛发表意见，再以表的形式上奏魏帝。依然用真诚的誓言表白自已的忠心："臣遭小人离间，陛下万一怀疑，其桀傲不驯之罪，就会像尔朱氏那样受到诛讨。臣如果不尽诚竭节，胆敢辜负陛下的话，那么就使身受天祸，断子绝孙。陛下如果相信臣的赤心，不兴干戈，就该将一二佞臣逐出朝廷。"二十日，魏帝选录在京文武大臣的议论再次回答神武，让舍人温子升起草诏令，子升迟疑不决未敢动笔。帝坐在胡床上，变了脸色，拔出长剑威胁。子升这才拿起笔来。

当初，神武从京师出发拟将北行，认为洛阳久经战乱，王气已尽，即便有山河之险，但土地狭窄，赶不上邺地，因此请求迁都。魏帝道："高祖定鼎河洛，为永久的基地，规划营建，一直到世宗朝才告结束。王既然有功于国，就应该遵从太和旧典。”神武听从了诏令，到此时，又旧事重提。调遣三千骑兵镇守建兴，增益河东及济州的军队，规定以白沟为界，所有船只不准入洛，各州和籴粮食全部运送邺城。魏帝又诏令神武：“王若顺从民心，杜绝议论，唯有撤退河东之兵，罢除建兴之戍，送归相州之粟，追还济州之军，命令蔡俊辞职，打发邸珍离徐，止戈散马，各治家业，所须粮食，另请转送。那么小人就会闭口，怀疑也就不会产生了。王在太原高枕无忧，朕在京洛无为而治，永不举足渡河，互不再动干戈。王若挥军南进，问鼎轻重，朕虽不武，欲止不能，一定要为社稷宗庙考虑，筹划出最好的计策。决策由王，非朕所能定夺，造山止篑，实在可惜。”此时魏帝让任祥兼任尚书左仆射，加开府仪同三司，任祥弃官逃到河北，占据地盘等候神武。魏帝于是下令凡是北方的文武官员去留听便，下诏公布神武罪行，为北伐筹划营谋。神武也停马宣言，说：“今尔朱氏专权，我等举起义旗，辅佐皇上，义贯幽明，反被斛斯椿诬陷，把忠诚说成了叛逆。古代赵鞅兴晋阳之兵，诛杀君侧的恶人。今日南进，只不过是声讨斛斯椿而已。”委任高昂为前锋，说：“如果听了司空的话，那会有今日的举措！”司马子如回答说：“原本打算立一弱小者为帝，今天的行动就是为了这个目的。”魏帝向关右征兵，召请贺拔胜赶往行在，派遣大行台长孙承业、大都督颍川王斌之、斛斯椿一同镇守武牢，汝阳王暹守石济，行台长孙子彦率领前恒农太守元洪略镇陕，贾显智带豫州刺史斛斯元寿讨伐蔡俊。神武指派窦泰和左厢大都督莫多娄贷文抗击显智，韩贤抵挡汝阳王暹。斛斯元寿部投降。窦泰、贷文在长寿津与贾显智相遇，显智秘密谈妥了投降事宜，就率众撤走。军司元玄发觉后，赶回行在，请求增兵。魏帝调遣大都督侯几绍奔赴前线，两军便在滑台东侧大战，显智带领兵士投降，侯几绍阵亡。

七月，魏帝亲自带领大众屯驻河桥。神武在距河北十余里的地方，再次派人表明诚意，魏帝不睬。神武就率军渡过黄河。魏帝向群臣问计，有的说往南投奔贺拔胜，有的说往西占据关中，有的说固守洛口决一死战。何去何从，无法决定。元斌之与斛斯椿因争权夺利，关系不洽，斌之留下斛斯椿抄小路跑回，蒙骗魏帝说："神武的兵来了！"当天，魏帝逃往长安。己酉日，神武进洛阳，暂居永宁寺。

神武认为不能错过大好失机，便同百官商议，任命清河王亶为大司马，居尚书下舍而秉承意旨来决断大事。王出入称警跸，神武讨厌。不久，神武抵达恒农，于是向西攻下了潼关，活捉了毛洪宾。进军长城，龙门都督薛崇礼投降。神武率部后退，驻扎河东，命令行台尚书长史薛瑜守潼关，大都督库狄温守封陵。筑城蒲津西岸以守华州，便命令薛绍宗做刺史。高昂行豫州刺史事。神武从晋阳出发，到此时为止已向魏帝致函四十余通，但都没有得到答复。九月初十日，神武返回洛阳，又打发僧人道荣奉表入送关中，仍无答复。于是聚集百官、沙门、耆老，议论立谁为帝。神武认为从孝昌丧乱开始，国脉中断，神主无依，昭穆失序，永安帝以孝文帝为伯考，永熙帝迁孝明帝神主于夹室，功业丧失福佑短浅，根源就在这里。因此决定立清河王长子元善见。大家意见一致，便向清河王报告。王说："天子无父，若立我儿，我会毫不悯惜自己的生命。"元善见即位，这就是东魏史上的孝静帝。从这时起，魏一分为二了。神武考虑到魏帝跑到了关中，担心他进逼崤、陕，洛阳又在黄河之外，接近梁境，如若进攻晋阳，两边不能很好衔接，就动议迁都于邺，护军祖莹赞同。诏书下达三日，车驾出发，户口四十万也狼狈上路。神武留在洛阳处理事务，事情办完后就回到了晋阳。从此开始，军国大事，全归相府处理。

天平二年（535）正月二十二日，魏帝下诏褒奖，任命神武为相国，授黄金装饰的斧子，佩剑着鞋进宫殿，朝见不快步地走。神武坚辞不受。

三年（536）正月二十二日，神武统领库狄干等万余骑兵偷袭西魏的夏州，不吃熟食，四天就赶到了。捆绑长矛做成云梯，深夜攻进城里，活捉了刺史费也头斛拔弥俄突，仍然委任他做刺史。留都督张琼镇守夏州，将其部落五千多户迁往东魏。十二月二十五日，神武从晋阳出发进行西征，命令兼仆射行台汝阳王暹、司徒高昂等人急赴上洛，大都督窦泰从潼关进发赶往此地。

四年（537）正月十七日，窦泰军败自杀。神武宿营蒲津，因冰薄不能渡河无法支援，便班师回归。高昂攻克上洛。十月十八日，神武西讨，从蒲津渡河，有众二十万。周文在沙苑布阵。因地形险峻，神武率部稍作退却，西魏军呐喊着发起冲锋，东魏军大败，丢弃武器盔甲十八万余件，神武骑着骆驼逃跑，又坐船回到了黄河东岸。

元象元年（538）三月初二日，神武坚决要求解除丞相之职，魏帝表示同意。七月二十五日，行台侯景、司徒高昂在金墉围住了西魏大将独孤信，西魏帝以及周文都跑来救助。大都督库狄干率领诸将作为前锋，神武统众紧随其后。八月初四日，战于河阴，东魏大败西魏军，俘虏数万。司徒高昂、大都督李猛、宋显阵亡。西魏军失败，独孤信率先跑入关内，周文命令都督长孙子彦保守金墉，烧燃军营后就逃走了。神武派人追赶到崤，没有追上只得返回。早些时候，神武估计西魏军会来侵犯，率众从晋阳出发，抵孟津，还没有渡过黄河，交战的双方互有胜负。不久，神武过河，长孙子彦弃城逃走，因此神武毁掉了金墉城。

兴和元年（539）七月二十六日，魏帝进神武为相国、录尚书事，坚辞。四年九日，神武西征。十月初六日，在玉壁城包围了西魏仪同三司王思政，接连挑战，西师不出。十一月二十一日，天下大雪，士卒多冻死，神武才下令撤退。

武定元年（543）二月十二日，北豫州刺史高慎占据武牢投奔西魏。三月二日，周文率众援助高慎，包围了河桥南城。十八日，神武在芒山打败了周文，擒获西魏督将以下四百余人，俘虏斩杀六万多人。这时有一个偷杀驴的军士，依军令罪当处死，神武没有杀他，准备带回并州处理。第二天交战，这个军士逃到西魏军那里，报告了神武的所在。西魏军集中了全部的精锐发动猛攻，打垮了东魏军，神武的坐骑丢失，赫连阳顺把自己的战马送给了神武，和苍头冯文洛将神武扶上马后一块逃跑，跟随的步骑只有六七人。敌人的追兵迫近，神武的亲信都督尉兴庆叫道："王快跑，兴庆身上有箭百支，可以射杀百个敌人。"神武鼓励他说："事成之后，让你做怀州刺史，如果你死了，就用你的儿子。"兴庆回答说："儿子还小，就给我的兄弟吧。"神武答应了。兴庆与敌搏斗，箭尽而亡。西魏太师贺拔胜带十三骑追赶神武，河州刺史刘洪徽射死了其中的两个。贺拔胜的长矛即将刺中神武，段孝先从旁边射倒了贺拔胜的坐骑，遂免于难。平定豫、洛二州。神武派遣刘丰追击敌人，将领土一直扩展到弘农才返回。七月，神武写信给周文，谴责他杀死了孝武帝。八月十四日，魏帝诏令神武为相国、录尚书事、大行台，其余官爵依旧，坚决推辞才止。

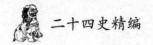

四年八月二十三日，神武拟将西伐，率兵从邺来到晋阳集

中。殿中将军曹魏祖进谏说："不行啦，本年八月是西方王，以死气迎生气，对客人不吉利，对主人还可以。真有行动的话会伤大将军。"神武不理。九月，神武围困玉壁向西魏军挑战，西师不敢应。西魏晋州刺史韦孝宽守玉壁，从城中放出蒙着铁面的人来，神武命令元溢射击，射中了铁面人的眼睛。采纳术士李业兴的"孤虚法"，将士众聚集到玉壁城的北边。北边，为天险。于是堆起土山，挖掘十条地道，同时又在东边开挖了二十一条地道作为攻城的手段。玉壁城内无水，须于汾河取水，神武截断汾河，不让流入城中，一夜功夫就做成了。韦孝宽将神武兵卒堆造的土山夺了过去。围城五十多天，没能攻下，却死亡七万多人，神武下令将死者集中埋在一个大冢中。神武重病。十一月初一，神武抱病乘车返归。十一日，调遣太原公高洋镇守邺城。十二日，召世子高澄回晋阳。这时，西魏都说神武围玉壁时被箭射伤，神武听到报告后，就强打精神与诸贵人相见，还让斛律金高唱《敕勒歌》，神武在一旁和唱，唱得泪流满襟。

侯景一向小看世子，曾对司马子如说："王在，我不敢有非分之举；王无，我不能与鲜卑小孩共事。"子如赶紧捂住了他的口。此时，太子代神武修书征召侯景。侯景先前与神武有约，得信函，若信函背面有小黑点，才来看望。信到，无约定的记号，侯景未来，又听说神武病重，便拥兵自守。神武对太子说：“我虽然病重，可是你的脸上却有更多的忧虑之色，为什么？”太子没有回答。神武又问：“难道不是担忧侯景反叛？”答：“是的。”神武说：“侯景专制河南十四年，常怀飞扬跋扈之志，只有我能调养，他岂能让你驾驭！如今天下未定，千万不要匆匆发布我死的消息。库狄干是鲜卑老人，斛律金为敕勒老人，两人性格耿直，是不会背弃你的。可朱浑道元、刘丰生从远道来投奔我，无疑没有异心。贺拔焉过儿朴实而且很少有过失。潘相乐原本是作道人，心地善良而且宽厚，你们弟兄会得他的帮助。韩轨少戆，应该宽容。彭相乐难得真心实意，应该提防着他。稍微能与侯景抗衡的只有慕容绍宗，因此我不让他富贵，留下给你，你必须殊礼相待，委以重任。”

五年（547）正月初一，日蚀，神武说：“日蚀是为了我哟，死也无憾了。”八日，向魏帝呈送书启。是日，崩于晋阳，时年五十二岁。天保初年，追封为献武帝，庙号太祖。天统元年（565），改谥号神武皇帝，庙号高祖。

屡建战功　名显一时——斛律金

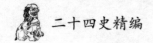

斛律金，字阿六敦，朔州人，高车族。高祖倍侯利因威武勇敢而驰名塞外。北魏道武帝时他率领部落内迁归附鲜卑拓跋部，被赐爵为孟都公。孝静帝天平年间，斛律金贵盛时，被赠官司空公。

解律金性格敦厚直率，善于骑马射箭，行军打仗则用匈奴战法，看尘土能推知马跑的路程多少，从地上听马步声音可知军队的远近。开初被任为军主，与北魏怀朔镇将相钧护送柔然族首领阿那环回北方。阿那环见斛律金射猎，为他的深厚所叹服。后来阿那环入侵高陆，斛律金击败了他。孝明帝正光末年，破六韩拔陵谋反，斛律金带领部众投奔他。破六韩拔陵授予他王的称号。斛律金预料破六韩拔陵最终必败，就统率所部一万户到云州向北魏政府投降，北魏授予他第二领民酋长。不久引兵南出黄瓜堆，被杜洛周打败，部众分散，斛律金与其兄斛律平两人单身投归尔朱荣，尔朱荣上表请任斛律金为别将，后逐步升为都督。孝庄帝即位后，赐封爵为阜城县男，加号宁朔将军、屯骑校尉。随从官军击败葛荣、元颢，屡有战功，加号镇南大将军。

尔朱荣叛逆作乱，高欢有夺取天下的志向，斛律金与娄昭、库狄干等都赞成高欢的大计谋，于是跟着他树起义旗。高欢南攻邺城，留斛律金守信都，兼任恒、云、燕、朔、显、蔚六州大都督，委托他处理后方事宜。斛律金另外又讨伐李修，大胜而回，加官右光禄大夫。适逢高欢到了邺，于是斛律金随从他平定晋阳，追击消灭了尔朱兆。孝武帝太昌初年，朝廷任命斛律金为汾州刺史、当州大都督，进封为侯爵，跟从高欢在河西打败纥豆陵伊利。东魏孝静帝天平初年，迁都于邺，朝廷命斛律金领步骑三万镇守风陵以防备西魏进攻，完成任务后，回到了晋阳。他又随从高欢与西魏在沙苑大战，失利后回师，由此东雍州诸城重新被西魏军所占据，后高欢派斛律金与尉景、库狄干等人讨伐收复了它。孝静帝元象年间，宇文泰重新向河阳大举进攻，高欢率部队讨伐抵抗，他派斛律金直往太州，成夹击之势。斛律金到晋州，因军队退兵不再前行，就与行台薛修义共同包围乔山的敌人。不久高欢到达，于是共同把它讨平。接着随从高欢攻下南绛、邵郡等数城。孝静帝武定初年，北豫州刺史高仲密据城叛入西魏，宇文泰进攻洛阳，高欢派斛律金统率刘丰，步大汗萨等共有数万步兵骑兵守卫河阳城抗拒他。高欢到后，斛律金与他一同大败高仲密。回军后，授官做大司马，改封石城郡公，食邑一千户，转为第一领民酋长。武定三年，高欢出兵袭击山胡，分为两道，以斛律金为南道军司，由黄栌岭出击；高欢自己从北道出击，度赤繲岭，与斛律金会合于乌突戍，联合击败了它。军队归来后，出任为冀州刺史。武定四年，下诏命斛律金率领部队从乌苏道与高欢在晋州会合，接着一起进攻玉壁。军队归来时，高欢让斛律金总督全军，一起回到了晋阳。

世宗高澄继承高欢的皇位后，侯景占据颍川向西魏投降，朝廷下诏书派斛律金统领潘乐、薛孤延等固守河阳来防备。西魏指使大都督李景和、若干宝率数万骑兵和步兵打算从新城出发援助侯景。斛律金率领部队停顿在广武等待袭击它，李景和等听到消息后退走。回军后，斛律金被任命为肆州刺史，仍然率领自己的部队在宜阳修筑杨志、百家、呼延三个戍，安置了守备而回。侯景走向南豫州，西魏仪同三司王思政进入和占据了颍川。高澄派高岳、慕容绍宗、刘丰等率领部队包围它，再次命斛律金统领彭乐、可朱浑道元等军屯兵到河阳，用以切断他的逃走和来救援的道路。又诏命他率领部队会攻颍川。此事平定后，再命斛律金率领部队从崿坂送米到宜阳，西魏九曲戍将马绍隆占据险要阻击，斛律金打败了他，因功另封安平县男。

显祖文宣帝高洋即帝位，封斛律金为咸阳郡王，刺史照旧不变。是年冬，到晋阳宫上朝。斛律金病，皇帝亲往看望，赐给医药，宫中使者常来不断。病愈后回到肆州。文宣帝天保三年，授任为太师。高洋征伐奚贼，斛律金随从。回军后，高洋到肆州，与斛律金聚宴练习射箭后回去。天保四年，斛律金被解除州刺史，以太师身份回到晋阳。皇帝高洋再次亲临他家，六宫和诸王也随着去，在那里置酒作乐，直到深夜才结束。高洋十分高兴，诏命斛律金次子斛律丰乐为武卫大将军，接着对斛律金说："您老是开国元勋和佐命大臣，父子都对王室忠诚，朕当与你家结为婚姻，使你家永远成为蕃卫。"于是诏命斛律金的孙子斛律武都娶义宁公主。在婚礼的日子里，皇帝跟随皇太后亲临斛律金家，皇后、太子及诸王等都跟随而去，斛律金就是这样被皇帝所亲近看重。

后来由于柔然被突厥打败，种落分散，高洋怕柔然侵犯边塞，掳掠百姓，就诏命斛律金率两万骑兵驻屯在白道来防备。而柔然首领豆婆吐久备统领三千余户打算秘密向西通过，侦察骑兵回来报告，斛律金就统率部众追击，全部俘虏敌军。柔然首领但钵将要带领其全国上下向西迁徙，斛律金获得他们的侦察兵，送到了朝廷，并上表陈述对柔然可以击获的形势。高洋就率领部队与斛律金一起出讨至吐赖，俘获茹茹二万余户而归。斛律金进位右丞相，食齐州干禄，后又升为左丞相。

肃宗高演即位，把斛律金的孙女作为皇太子的后妃。又诏命斛律金在上朝时，可以坐步挽车到台阶，世祖高湛即位，对斛律金更是礼重，又把他的孙女作为太子的后妃。斛律金的长子解律光任为大将军，次子斛律羡和孙子斛律武都并为开府仪同三司，出镇到地方上，其余子孙都封侯显达。斛律金一门有一个皇后，二个太子妃，三个公主，他受的恩宠，当时没有人可以相比。斛律金曾对斛律光说：“我虽然不读书，但听说从古以来外戚梁冀等没有一个不最后倾覆灭门。女儿如果受到皇帝宠爱，其他贵妃就会妒忌；女儿如果失宠，皇帝就讨嫌她。我们家族一直以功勋和尽忠来得到富贵，岂可以依靠女儿呢?”他的话没有得到重视，因此常常为此担忧。后主天统三年死，时年八十岁。世祖武成帝在西堂举哀。后主又在晋阳宫举哀。赠官假黄钺、使持节、都督朔定冀并瀛青齐沧幽肆晋汾十二州诸军事、相国、太尉公、录尚书、朔州刺史、酋长、王不变，赠赐丧葬钱百万，谥号为“武”。儿子斛律光继承爵位。

周书

《周书》概论

《周书》，唐令狐德棻撰，共五十卷，包括本纪八卷，列传四十二卷，记录了北魏大统元年（535），东西魏分裂至隋开皇元年（581）隋代北周间的四十八年史事，其中西魏二十三年，北周二十五年。作者仿《尚书》文体写成，语虽典雅，却难免失实，所载有关均田制、府兵制的史料较为重要。原书残缺，今本多取《北史》补入。

一

令狐德棻是唐初第一个向最高统治者提出修撰前朝诸史的史学家。武德四年（621）十一月，令狐德棻在向唐高祖的上书中，从历史角度，提出了修撰近代

“正史”的重要性，从政治的角度，提出了修撰近代诸史的可能性。他的建议，有理有据，因此，唐高祖采纳了令狐德棻的建议，并在武德五年（622）十二月特地下达了《命萧悽等修六代史诏》。诏书指出了史职的重要和修史的目的，提出了修撰前代历史的内容和要求，对修撰前代各史的作者作了任命，令狐德棻与侍中陈叔达、太史令庾俭修周史。但是，这次修史工作，经过几年的时间，竟不就而罢。

唐太宗继位后，于贞观三年（629）复下诏撰述北魏、北齐、北周、隋、梁、陈“六代史”。史臣商量后，认为北魏史已有北齐魏收所撰《魏书》和隋代魏澹所撰《魏书》，史事详备，不必再修。唐太宗表示同意，并派令狐德棻修北周史，李百药修北齐史，姚思廉修梁、陈史，魏征修隋史，由令狐德棻具体指导和协调诸史撰述工作。贞观六年（632）令狐德棻迁任礼部侍郎，兼修国史。四年后，五史俱成，令狐德棻以修周史而受到皇帝奖励。

贞观二十年（646）唐太宗下诏重修《晋书》后，六十四岁的令狐德棻在房玄龄的推荐下，再次发挥他的史学才能。在修撰《晋书》工作中，令狐德棻所发挥的作用是很关键的。参加修撰的十八个人，共推他为首，对于制定《晋书》的体制和类例，他负有主要责任。两年以后，《晋书》修成，令狐德棻因此而被任命为秘书少监。

令狐德棻是一位有漫长的著作生涯的历史学家，他对唐初史学的杰出贡献，不仅表现在他的思想远见和史学才能方面，而且还突出表现在他的大量的著述工作方面。他一生致力于皇家撰述工作（主要是历史撰述工作），凡四十余年，可以这样说，凡唐初的重大历史著述活动，都饱含着令狐德棻的心血。另外，尤其难能可贵的是，他曾热情地支持和具体地帮助了李延寿个人撰著《南史》、《北史》的工作，书成之后，令狐德棻予以检阅、详正和推荐，使李大师、延寿父子的愿望和心血才没有付之东流。《南史》、《北史》的修成并成为封建社会“正史”而流传至今，是有令狐德棻的一份功劳的。

二

令狐德棻主编《周书》，经历了两次才得以完成。一次是在武德五年（622），与陈叔达、庾俭共修，未成。贞观三年（629）唐太宗又命令狐德棻和岑文本同修周史，令狐德棻又上奏请求崔仁师为助手，贞观十年（636）成书，共五十卷，帝纪八卷，列传四十二卷。

《周书》很值得注意的一个问题是断限。唐初，关于叙述北朝史事的著作，已有北齐魏收的《魏书》、隋魏澹的《魏书》，前者以东魏为正统、西魏为僭伪，后者则相反。令狐德棻考虑到魏澹的《魏书》记西魏事不尽满意，而北周上承于西魏、隋上承于北周、唐又上承于隋，有必要强调这个“正统”关系，因而在《周书·文帝纪》里，详细地记述了西魏时期的政治、军事大事。所以，从《周书》断限来看，它实际是包揽了西魏、北周二朝史事。这在当时，特别是魏澹《魏书》还存在的情况下，似乎没有什么特别重要意义。但到北宋，魏澹《魏书》已佚，只剩帝纪一卷。这样，《周书》所述西魏史事乃成为后人了解西魏一朝历史的第一手材料了。

《周书》在民族史和民族关系史上的价值是尤其值得重视的。北魏、西魏、东魏是鲜卑族拓跋部建立的政权，北周是鲜卑族宇文部建立的政权，北齐则是鲜卑化的汉人建立的政权。《魏书》、《周书》、《北齐书》比较集中地记述了这五个皇朝的兴衰史。如果我们把《魏书》、《周书》、《北齐书》中记述的鲜卑族在政治、经济、文化、习俗等方面的种种变化，跟《三国志》、《后汉书》里所记鲜卑族史事加以比较的话，我们就会看到：在这二、三百年中，鲜卑族的历史取得了何等伟大的进步！其实，这又不只是鲜卑族的进步。自东汉末年以后，匈奴、鲜卑、羯、氐、羌等族同汉族不断走向融合、不断加深了封建化。《周书》正是这个历史过程的真实记录之一。

唐初，与周史有关连的不少史籍都完整存在，可资依据的直接史料较为丰富，“而令狐德棻了不兼采以广其书”，只主要以牛氏书为蓝本，遂使《周书》“文而不实，雅而无检，真迹甚寡，客气尤烦”。牛弘《周纪》“弥尚儒雅”，令狐氏撰写“唯凭本书，重加润色，遂使周氏一代之史，多非实录者焉”。宋人也说《周书》“多非实录”。赵翼推崇“繁简得宜，文笔亦极简劲”，还说《周书》本纪写得得体，完全是就文字立论。从史料学角度来说，《周书》的资料是较贫乏的。

《周书》虚文较多，但不是说《周书》一无是处，因北周距唐初时代较近，一些重要史实因它保存下来。

在纪、传中记有魏、周的府兵制资料，在不少列传中记载“乡兵”资料，在苏绰、薛善等人列传中所记屯田供军的成绩，在宇文盛、李迁哲等传中，出现了我国史书上最早的“庄田”记载，在于寔、杨绍、侯植等传和武帝纪中，可以看到奴婢、部曲和杂户的社会地位。在关于阶级斗争方面，卷二十五《李贤传》记载了万俟道洛、达符显、豆卢狼、莫折后炽等在原州先后领导的起义，卷二十九《伊娄穆传》记载了伍城郡赵雄杰与梓潼郡王令公、邓惇等起义。卷三十三《赵昶传》记载了凤州仇周贡、魏兴等起义。当时，有些重大史事，其他南、北诸史不载，而《周书》则详述之。如侯景之乱后，梁朝宗室岳阳王萧察脱离梁政权，于江陵建立后梁政权（555～587），成为西魏和北周的附庸，共历三帝，统治三十三年，后灭于隋。《梁书》不载此事，而《周书·萧察传》不仅为萧察立了专传，而且为其再传萧岿和三传萧琮以及有关王子大臣二十六人立了附传，大体上反映了后梁统治的概况，对于后梁一朝可谓留下了价值无比珍贵的资料。另外，《周书》还保留了当时政治、经济、文化等方面一些极为重要的文献。如《苏绰传》的“六条诏书”和《大诰》、《卢辩传》中的官品命数、《庾信传》的《哀江南赋》等等。认真爬梳，《周书》中仍可收集一些重要史料。因此，其书在旧史书中的地位，仍是应该肯定的。

令狐德棻修史的目的不仅是要阐明唐王朝统治的正统性，而且还要给诸多大族功臣的先辈树碑立传，因此，《周书》难免在写法上存在回护、阙书、蛇足等不足之处。后人指其内容多脱离实际是不过分的。

三

北周的历史很短（557～581），仅二十五年，加上它的前身西魏（535～556），也只有四十八年，相对而言，在中国历史上的地位也不十分重要。一般的读者对之并不十分了解，有必要根据《周书》的纪传尤其是本纪加以介绍。

《周书》本纪七卷，其中《文帝纪》上下二卷，《明帝纪》一卷，《武帝纪》上下二卷，《宣帝纪》一卷，《静帝纪》一卷，共记录了宇文氏五传的历史情况。

北周的实际创建者是文帝宇文泰，在西魏时虽终以臣位，没有禅代建国，但他把握西魏朝政的实权，为后周的建立打下了坚实的基础，所以《周书》以文帝纪作首卷开篇，而且基于时间长、政事多、内容量大而分为上下二卷。宇文泰是鲜卑人，出身武川镇兵，曾随父参加六镇起义，葛荣失败后他投奔了尔朱荣，高欢灭尔朱氏后，他据有长安与高欢对抗。他的力量不如高欢强大，为了与高欢竞争，他的政策比较开明。在政治上，他重用庶族地主，对门阀予以限制，他还重新颁布了均田制，因此，土地兼并不如东魏、北齐那样剧烈，促进了关中地区的经济发展。

军事上，宇文泰实行了鲜卑部落兵制与中原征兵制相结合的“府兵制”。府兵有严格的训练，战斗力较强，大大提高了周的军事力量，为周灭齐与隋统一全国打下了军事基础。

在宇文泰奠定的基础上，其子宇文觉废西魏恭帝，改国号为周，史称北周（557～581），都长安。当时政权掌握在宇文护手中。557年，宇文护先废宇文觉改立宇文毓，后又杀毓改立宇文邕。572年，宇文邕杀掉宇文护，自己亲政，他就是有名的周武帝。武帝是北周历史上一位很有作为的君主，在位十八年，生活俭朴，勤于政事，进一步完善了宇文觉时的各种制度，对后周的经济发展和力量壮大起到了承前启后的历史作用。

周武帝首先改革了府兵制，加强皇帝对军队的控制。其次是毁佛。北魏时期北方佛教盛行，到北周时，在其统治区内就有寺院万余，僧侣约百万，严重地影响了政府收入。574 年，宇文邕下诏毁佛，销毁一切经像，没收寺院土地及其全部资产，百万僧侣被迫还俗为均田户。这在很大程度上减轻了人民的负担，政府的经济实力也得到加强，给灭齐作了重要的物质准备。在灭齐后，宇文邕又将毁佛推行于东方齐境。

575 年，宇文邕开始伐齐，两年后，陷邺城，灭北齐，北方复归一统。而后，宇文邕又向南进攻，夺取了淮南地，基本上据有了长江以北占全国四分之三的土地。正当他准备统一全国时，不料于 578 年病故，统一愿望虽未实现，但他却为统一全国打下了良好的基础。

武帝本纪亦分上下两卷，记事起 560 年元月至 578 年六月武帝崩，保存了有关周武帝在政治、经济、军事上的重大举措以及各王朝间交兵的资料。

宇文邕死后，子宇文掛立（宣帝）。宣帝荒淫，不理朝政，是历史上有名的昏君，即位不久即传位给子宇文阐（静帝），自为太上皇。外戚杨坚逐渐总揽朝政。581年，他终于废周帝，自称皇帝，改国号为隋。杨坚废静帝后不久，又弑之，时年九岁，宣帝纪一卷，记周宣帝宣政元年（578）至静帝大象二年（580）近两年的历史。该纪事实上反映的是杨坚及一些朝臣在周末的政治活动，是研究隋初历史尤需参考的文献。

《周书》列传四十二卷，所记人物近三百人之多，基本上网罗了当时政治、文化等方面的主要人物。

通过阅读这些列传，我们可以更全面地了解到北周（包括西魏）的政治、经济、军事文学情况，从而对北周社会有一个大体印象。

政 略

国君乃百姓之表

凡人君之身者，乃百姓之表，一国之的也。表不正，不可求直影；的不明，不可责射中。今君身不能自治，而望治百姓，是犹曲表而求直影也；君行不能自修，而欲百姓修行者，是犹无的而责射中也。故为人昔得，必心如清水，形如白玉。躬行仁义，躬行孝悌，躬行忠信，躬行礼让，躬行廉平，躬行俭约，然后继之以无倦，加之以明察。行此八者，以训其民。是以其人畏而爱之，则而象之，不待家教日见而自兴行矣。

（《周书·苏绰传》）

【译文】

大凡国君的形象，乃是老百姓的标杆，一个国家的目标。标杆不正，不可以要求影子直，目标不明，不可以责备射不中。

现在国君不能管好自己，而企望管理好百姓，这就好像弯曲的标志，而要求得笔直的影子一样；国君自己没有修养，而想让百姓修身实践，就好象没有靶子而责备射不中一样，所以做为国君，一定心如清水，形如白玉，亲自实践仁义，亲自实践孝悌，亲自实践忠信，亲自实践礼让，亲自实践廉洁公平，亲自实践节俭，然后不倦地工作，并加之以敏锐的观察，就可以使人们都敬而畏之，才会以君主为榜样，不须等待天天在家里受教育而自动进行实践了。

清浊之由在于官之烦省

善官人者必先省其官。官省，则善人易充，善人易充，则事无不理；官烦，则必杂不善之人，杂不善之人，则政必有得失。故语曰：“官省则事省，事省则民清；官烦则事烦，事烦则民浊。”清浊之由，在于官之烦省。

（《周书·苏绰传》）

【译文】

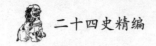

善于授人官职的人必须先减省官吏，减省官吏，则善良的人容易充任，好人任官，则事情没有不被管理好的。官吏烦多，

一定会掺杂不善良的人，坏人任官必然会把吏治搞坏，故有句话说："官省则事情少，事少会使百姓清静，官吏烦杂则事情多，事多全使百姓混乱。"吏治清浊的根本原因，在于官吏的烦多还是减省。

因时制宜政之上务

五等之制，行于商周之前；郡县之设，始于秦汉之后。……是知因时制宜者，为政之上务也；观民立教者，经国之长策也。且夫列封疆，建侯伯，择贤能，置牧守，循名虽曰异轨，责实抑亦同归。……由此言之，建侯置守，乃古今之异术；兵权势位，盖安危之所阶[①]乎。

（《周书·文闵明武宣诸子传》）

【注释】

①阶：凭借。

【译文】

公、侯、伯、子、男五等爵位的制度，盛行于商周之前；郡县的设立，开始于秦汉之后。……可知依据时代的不同而制定与之相适宜的制度，是为政的最主要的任务；观察民众的情况而设立教化，是治理国家的长远谋略。而且分封土地，设置诸侯，选择贤能，设置牧守，名义上虽然说不一样，实际上还是相同。……由此可以说，建立诸侯，设置牧守，是古今不同的统治术，掌握兵权和势力地位，大概是安危的凭借了。

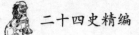

法 制

柳庆断案二三例

广陵王元欣，魏之懿亲[①]。其甥孟氏，屡为凶横。或有告其盗牛。庆[②]捕推得实，趣[③]令就禁。孟氏殊无惧容，乃谓庆曰："今若加以桎梏[④]，后复何以脱之？"欣亦遣使辩其无罪。孟氏由此益骄。庆于是大集僚吏，盛言孟氏依倚权戚，侵虐之状。言毕，便令笞杀之。此后贵戚敛手，不敢侵暴。

有贾人持金二十斤，诣京师交易[⑤]，寄人停止[⑥]。每欲出行，常自执管钥[⑦]。无何，缄闭不异而失之。谓主人所窃，郡县讯问，主人遂自诬服。庆闻而叹之，乃召问贾人曰："卿钥恒置何处？"对曰："恒自带之。"庆曰："颇与人同宿乎？"曰："无。""与人同饮乎？"曰："日者曾与一沙门[⑧]再度酣宴，醉而昼寝。"庆曰："主人特以痛自诬，非盗也。彼沙门及真盗耳。"即遣吏逮捕沙门，乃怀金逃匿。后捕得，尽获所失之金。……

有胡家被劫，郡县按察[9]，莫知贼所，邻近被囚系者甚多。庆以贼徒既众，似是乌合[10]，既非旧交，必相疑阻[11]，可以诈求之。乃作匿名书多牓[12]官门曰：“我等共劫胡家，徒侣混杂，终恐泄露。今欲首，惧不免诛。若听[13]先首免罪，便欲来告。”庆乃复施免罪之牓。居二日，广陵王欣家奴面缚[14]自告牓下，因此推穷，尽获党与。……

太祖[15]尝怒安定国臣王茂，将杀之，而非其罪。朝臣咸知，而莫敢谏。庆乃进曰：“王茂无罪，奈何杀之?”太祖愈怒，声色甚厉，谓庆曰：“王茂当死，卿若明其无罪，亦须坐之。”乃执庆于前。庆辞气不挠，抗声曰：“窃闻君有不达者为不明，臣有不争[16]者为不忠。庆谨竭愚诚，实不敢爱死，但惧公为不明之君耳。愿深察之。”太祖乃悟而赦茂，已不及矣。太祖默然。明日，谓庆曰：“吾不用卿言，遂令王茂冤死。可赐茂家钱帛，以旌吾过。”

（《周书·柳庆传》）

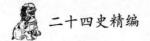

【注释】

①懿亲：至亲，古时特指皇室的宗亲。②庆：即柳庆，字更兴，历仕元魏和北周，为官清廉，政声颇佳，天和元年（公元556年）十二月卒。③趣：急、速。④桎梏：刑具，指脚镣手拷。⑤交易：做生意；做买卖。⑥停止：停留止歇。⑦管钥：钥匙。⑧沙门：即和尚。⑨按察：立案侦查。⑩乌合：象乌鸦一样聚集。这里指临时拼凑起来的抢劫团伙。⑪疑阻：相互猜忌。⑫牓：同“榜”，张贴告示。⑬听：判决。⑭面缚：即指两手反绑。⑮太祖：即北周太祖文皇帝宇文泰（公元507—556年），字黑獭，北朝西魏大臣，总揽西魏朝政。他死后，子宇文觉代西魏，国号周，追尊为文皇帝，庙号曰太祖。⑯争：同“诤”，诤谏。

【译文】

广陵王元欣，是元魏皇室宗亲。他的外甥孟某。多次行凶专横，恃势妄为。有人状告他偷盗耕牛。柳庆便将他逮捕审讯，获取证据，马上下令打入监牢。孟某却全无惧怕，反而对柳庆说：“你今天如果把我拷起来的话，日后我看你又怎样替我打开?”元欣也派人前来申辩。孟某更加不可一世。柳庆于是将所属官吏全部召集起来，义正辞严地列举孟某依恃权贵，侵扰滋事的不法行为。说完之后，便令人用乱棍将孟某打死。自此权贵的亲属和亲戚大为收敛，不敢侵扰滋事了。

有位商人携带二十斤黄金，准备到京城去做生意，寄住在一户人家里，歇息好有个落脚点。每次要出门，总是把钥匙带在身上。可是过了没多久，装钱的匣子尽管没有打开，可里面的黄金却不知去向。商人便说是主人偷了他的钱，郡县便捉拿这家主人审问，这家主人不堪毒打违心招认。柳庆听后为之叹息，便召来商人，问他说："你的钥匙经常放在什么地方?"商人说："经常放在自己身上。"柳庆又问："可曾与人同宿?"商人回答说："没有"。"可曾与人一同饮酒?"商人回答说："曾与一个和尚两次饮酒，醉了后便在当天白天睡着了。"柳庆说："主人只是因为打得身上疼痛难忍才谎称是他偷了你的金子，他并不是盗贼，那个和尚才是真正的盗贼。"当即派遣衙役将和尚捉拿归案，和尚却拿着金子逃走躲藏起来了。后来捉住了这个和尚，偷去的金子全部缴获。……

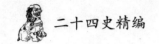

一胡姓之家被人抢劫，郡县都已立案侦查，但谁也不知贼人在哪里，受牵连而被囚禁的邻居很多。柳庆认为劫贼既然很多，似应是临时拼凑起来的抢劫团伙；既然以往又不很熟，彼此之间必然相互猜忌，可以用诳骗的办法来破此案。于是写了多封匿名信贴在官府门口，上面说："我们几人一同抢劫胡家，同伙成份混杂，始终担心有人泄露此事。现在想自首，又担心不能免罪而被诛杀。如果判决最先自首的人可以免罪的话，便前来官府自首。”于是柳庆又发布免罪的榜文。过了两天，广陵王元欣的家奴两手反绑着来到榜文处自首。柳庆便升堂审问，将其它党羽一网打尽。……

太祖曾对安定国臣子王茂很为不满，准备将他杀掉，而王茂并没有罪。朝中大臣们也都知道王茂是清白的，但没有一人敢上前劝谏太祖。柳庆却走上前说：“王茂既然无罪，为什么还要杀他呢?”太祖更加气恼，声色俱厉，对柳庆说：“王茂该死，你如果知道他没有罪的话，也得陪他一起死。”便叫卫士上前捉住柳庆。柳庆疾言厉色，毫不屈服，大声说：“我听说不能通达事理的国君是不明之君，不能直言极谏的臣子是不忠之臣。我柳庆尽心竭力以效愚忠，本不是贪生怕死之辈，只是担心陛下成为不明之君啊。希望陛下好好考虑考虑我这一番话。”太祖幡然醒悟，下令赦免王茂，可已经来不及了。太祖沉默不语。第二天，对柳庆说：“我没听从你的劝谏，致使王茂冤屈而死。我已下令赐给王茂家钱币和布帛，以标明我的过失。”

军　事

西魏创建府兵制

初，魏孝庄帝以尔朱荣[1]有翊戴之功，拜荣柱国大将军，位在丞相上。荣败后，此官遂废。大统三年，魏文帝复以太祖建中兴之业，始命为之。其后功参佐命[2]，望实俱重者，亦居此职。自大统十六年以前，任者凡有八人。太祖位总百揆，督中外军。魏广陵王欣，元氏懿戚，从容禁闱而已。此外六人，各督二大将军，分掌禁旅，当爪牙御侮之寄。当时荣盛，莫与为比，故今之称门阀者，咸推八柱国家云。今并十二大将军录之于左。……右十二大将军，又各统开府二人。每一开府领一军兵，是为二十四军。

（《周书·侯莫陈崇传》）

【注释】

①尔朱荣：北魏执政大臣。武泰元年（528 年），他乘孝明

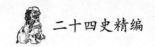

帝被胡太后毒死之机，举兵入洛阳，并拥立孝庄帝，掌握了朝政大权。因骄暴自恣，永安三年（503 年），为孝庄帝所杀。②佐命：古代帝王建立王朝，自谓承天受命，故称辅佐之臣为佐命。

【译文】

起初，魏孝庄帝因为尔朱荣有辅佐、拥戴的功劳，授他为柱国大将军，地位在丞相之上。尔朱荣失败后，这个官职便取消了，大统三年（537），魏文帝元宝炬让宇文泰创建中兴之业，又命令他担任此职。后来因功参予辅佐帝王、有名望而且大有功勋的人，也担任这个职务。自大统十六年（550）以前，任此职的共有八人，宇文泰的职位总管百官，监督内外军队。魏广陵王元欣，是元氏的至亲，只在宫内悠容闲在而已。另外六人，每人督管两位大将军，分别掌管禁军，充当党羽武臣的寄托。当时荣华盛贵，没有人能与之相比。所以现在称为门阀的，都推八柱国的家族。现在将十二大将军记录在左边。……右边十二大将军，每人又各统领二个开府，每个开府统领一军的士兵，共二十四个军。

沙苑之战

冬十月壬辰，至沙苑，距齐神武军六十余里。齐神武闻太祖至，引军来会。癸已旦，候骑告齐神武军且至。太祖召诸将谋之。李弼曰："彼众我寡，不可平地置阵。此东十里有渭曲[①]，可先据以待之。"遂进军至渭曲，背水东西为阵。李弼为右拒，赵贵为左拒。命将士皆偃戈于葭芦[②]中，闻鼓声而起。申时，齐神武至，望太祖军少，竞驰而进，不为行列，总萃于左军。兵将交，太祖鸣鼓，士皆奋起。于谨等六军与之合战，李弼等率铁骑横击之，绝其军为二队，大破之，斩六千余级，临阵降者二万余人。齐神武夜遁，追至河上，复大克获。前后虏其卒七万。留其甲士二万，余悉纵归。收其辎重兵甲，献俘[③]长安。

（《周书·文帝纪下》）

【注释】

①渭曲：渭水的弯曲处。②葭芦：芦苇。③献俘：古时军礼之一，打仗凯旋则献俘太庙以告成功。

【译文】

（537年）冬十月壬辰日，西魏军队到达沙苑（今陕西大荔），距东魏高欢的军队六十多里，高欢听说宇文泰到达，便率领军队前来迎战。癸巳日早晨，侦察骑兵向宇文泰报告高欢的军队就要到了。宇文泰召集诸将商量对策。李弼说："彼众我寡，不能在平地布置战阵，距此地东十里有渭水的弯曲处，可以先去占领，在那里等待他们。"于是进军到渭曲，背靠渭水，排成东西战阵。李弼在右方抵御，赵贵在左方抵御，命令将士全部隐藏在芦苇中，听到鼓声便发起冲击。申时，高欢的军队到达，看到宇文泰的军队少，便争相飞驰进军，已不成队列了，都聚集在左军。战斗一触即发。宇文泰鸣起了鼓，战士们勇敢地发起冲锋，于谨等六支军队与他们一起作战，李弼率领铁骑从横向攻击，将高欢的军队分割为二部分，大败高欢军队。六千多人被斩首，二万多人在战场上投降。高欢趁夜逃走，被追到黄河边，又获大胜。沙苑之战共俘虏东魏军队七万人，将其中的二万甲士扣留，其余的全部放回。还收缴东魏的军事物资，献俘于长安。

理财

苏绰论尽地力

人生天地之间，以衣食为命。食不足则饥，衣不足则寒。饥寒切体，而欲使民兴行礼让者，此犹逆坂走丸，势不可得也。是以古之圣王，知其若此，故先足其衣食，然后教化随之。夫衣食所以足者，在于地利尽。地利所以尽者，由于劝课有方。……夫百亩之田，必春耕之，夏种之，秋收之，然后冬食之。此三时者，农之要也。若失其一时，则谷不可得而食。故先王之戒曰："一夫不耕，天下必有受其饥者；一妇不织，天下必有受其寒者。"若此三时不务省事[1]，而令民废农者，是则绝民之命，驱以就死然。单劣之户，及无牛之家，劝令有无相通，使得兼济。三农之隙，及阴雨之暇，又当教民种桑、植果，艺其菜蔬，修其园圃，畜育鸡豚，以备生生之资，以供养老之具。

（《周书·苏绰传》）

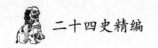

【注释】

①省：处理政务。

【译文】

人生于天地之间，用衣食维持生命。食不足则饥，衣不足则寒。饥寒逼迫身体，还想让民众实践礼让，这就象逆着山坡滚球一样，必定是不可能的。所以古代的圣王都知道这个道理，因此，首先使民众的衣食充足，然后再施行教化。衣食所以能够充足，在于地利充分发挥出来。地利所以充分发挥，在于鼓励耕作有办法。……百亩之田，必须春天耕地，夏天播种，秋天收获，冬天食用。春、夏、秋这三个季节，是农业的重要时间，如果失去了一个季节，便造成粮食不能得利和食用，所以先王告诫说："一夫不耕，天下必然有受饥饿的人；一妇不织，天下必有受冻的人。"如果这三个季节不以全力处理政务，而使农民放弃耕作，这就是断绝农民的活路，驱赶他们去死。孤单、家境不好的农户和无牛的家庭，应规劝他们有无相通，使得他们互相救济。三个季节的间隙及阴雨闲暇之时，还应当教农民种植桑树、果树、菜蔬，修整他们的园圃，饲养鸡和猪，用做繁衍不息资财的准备，和供给养老的用品。

治民当先治心

太祖方欲革易时政，务弘强国富民之道，故绰得尽其智能，赞成其事。……为六条诏书，奏施行之。其一，先治心，曰：“……凡治民之体，先当治心。心者，一身之主，百行之本。心不清净，则思虑妄生。思虑妄生，则见理不明。见理不明，则是非谬乱。是非谬乱，则一身不能自治，安能治民也！是以治民之要，在清心而已。夫所谓清心者，非不贪货财之谓也，乃欲使心气清和，志意端静。心和志静，则邪僻①之虑，无因而作。邪僻不作，则凡所思念，无不皆得至公之理。率至公之理以临其民，则彼下民孰不从化。是以称治民之本，先在治心。

（《周书·苏绰传》）

【注释】

①邪僻：不正当。

【译文】

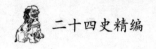

宇文泰将要想改革时政，尽力弘扬强国富民之道。所以苏

绰得以用尽他的智能，帮助宇文泰完成这件事。……他为宇文泰制定六条诏书，上奏施行，其一，先治心，曰：“……大凡治理民众的根本，首先应当治心。心是一身之主，是各方面品行的根本。心不清净，则思虑就胡乱产生，思虑妄生，就是看见道理也不明白，见理不明就会是非错乱，是非错乱，则自己都不能管理自己，怎么能够管理民众呢！所以治民的重要之处，在于清心。所谓清心，并非是不贪财货的意思，而是要使心气清和，意志端正平静。心和志静，则不正当的思想就没有产生的凭借。邪僻的念头不能产生，就会使所思所想的没有不是最公正的道理。带着至公之理去管理民众，那些下层的民众还有谁不顺从教化呢！所以看管理民众的根本，在于先治心。

德　操

周武帝克己励精

帝沉毅有智谋。……及诛护之后，始亲万机。克己励精，听览不怠。用法严整，多所罪杀。号令恳恻，唯属意于政。群下畏服，莫不肃然。……身衣布袍，寝布被，无金宝之饰，诸宫殿华绮者，皆撤毁之，改为土阶数尺，不施栌栱[①]。其雕文刻镂[②]，锦绣纂组[③]，一皆禁断。后宫嫔御，不过十余人。劳谦接下，自强不息。以海内未康，锐情教习。至于校兵阅武，步行山谷，履涉勤苦，皆人所不堪。平齐之役，见军士有跣行者，帝亲脱靴以赐之。每宴会将士，必自执杯劝酒，或手付赐物。至于征伐之处，躬在行阵。性又果决，能断大事。故能得士卒死力，以弱制强。破齐之后，遂欲穷兵极武，平突厥，定江南，一二年间，必使天下一统，此其志也。

（《周书·武帝下》）

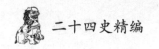

【注释】

①栌栱：斗拱。②雕文刻镂：雕刻彩饰。③纂组：赤色授带。这里指豪华的衣物。

【译文】

周武帝深沉刚毅而有智谋。……到专朝政的宇文护被杀以后，他开始亲理万机。周武帝克制自己，振奋精神，观察处理政务毫不懈怠。他执法严明，罪人大多要杀死，政令诚恳痛切，把唯一的心愿放在政事上。大臣们对他都敬畏佩服，没有不恭敬的。……周武帝身穿布袍，盖布被，没有金银珠宝之类的装饰，各宫殿中豪华的丝织品，全部撤掉并销毁，还把一些台阶改为土阶，房屋简陋，不设斗拱。那些雕刻彩饰，锦绣纂组，一律停止使用。后宫的嫔妃采女，不过十余人。他辛勤谦和地对待下级，奋发图强。周武帝认为国内还没有安定，而专心一意训练军队，到演兵习武，检阅军队时，他亲自在山谷中行走，体察勤苦，都是一般人所不能忍耐的。在打败北齐的战斗中，见到士兵中有赤脚的，周武帝便脱下自己的靴子给他。每次与将士们举行宴会时，必定亲自手执酒杯劝酒，或亲手赠给他们物品。到打仗的地方，他亲自在战阵中，果敢坚决，能决断大事，所以能够得到士卒拼死出力，以弱胜强。周武帝打败北齐之后，便想发动新的战争，平突厥，定江南，一二年间，必定使天下统一，这是他的志向。

得其人则治

史臣曰：仲尼有言："可与适道，未可与权"[①]。夫道者，率礼之谓也；权者，反经之谓也。率礼由乎正理，易以成佐世之功；反经系乎非常，难以定匡时之业。故得其人则治，伊尹放太甲，周旦相孺子是也；不得其人则乱，新都迁汉鼎，晋氏倾魏族是也。

（《周书·晋荡公护传》）

【注释】

①语出自《论语·子罕》。

【译文】

史臣说：孔子说过："可以同他一道取得某种成就的人，未必可以同他一道通权达变。"所谓道，是统领礼的称谓，所谓权，是不合于常法的称谓。统领礼于是使理公正，容易成就佐世之功；不合常法联系着异乎寻常，难以决定匡正时代的大业。所以，得到有德之人则天下大治，伊尹流放太甲，周公旦辅佐周成王是这样；得不到有德之人则天下大乱，王莽建立新朝代汉，司马氏颠覆曹魏是这样。

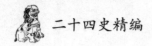

传世故事

周武帝禁佛道二教

公元574年1月2日，周武帝召集群臣以及和尚、道士等，登上高座，和他们辨明三教的先后顺序，以儒教第一，道教为次，佛教最后。

575年6月22日，开始禁止佛道二教。经书、造像都给毁掉，罢免和尚、道士，让他们一同恢复平民身份。另外，还禁止各种繁杂的祭祀，礼仪典籍中没有记载的，全部废除。

周武帝释放奴婢

周武帝下诏命令，从公元534年8月起，到576年11月，东魏、北齐的民众被掠夺为周国奴婢的，攻克江陵后，良人被没收为奴婢的，都应释放，免除奴婢身份。原来的依附人口，免为平民。如果原来的主人还需要和他们居住在一起，可以留下来作为部曲和客女。

苏绰论教化

化，贵在能够用淳朴敦厚的风气引导百姓，用温和的处世法则浸润百姓，用道德修养影响百姓，用朴素的行为示范百姓。这样使百姓竞竞业业，内心变得善良，邪恶、虚伪的念头，贪婪的本性，不知不觉地减少、被感化，而百姓自己却不知为什么，就叫化（感化）。然后以忠孝节悌教育百姓，使他们慈爱；以仁义温顺教育百姓，使他们和睦，以礼义教育百姓，使他们敬让。慈爱就不会遗弃亲人，和睦就不会与人结怨，敬让就不会竞逐物利。具备这三点，王道就形成了。这就是教（教育）。

门资与刀笔论

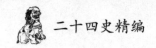

长期以来，州郡大吏的任命，只凭门第，不考虑是否贤良；下等小吏的使用，只试他的文笔，并不问他的品行。门第，是先辈的爵禄，并不能防止子孙愚钝；方笔，是身外的末技，不能排除本性的奸伪。如果在门第高的当中得到贤良，那就像鞭策骏马而致千里；如果在门第高的当中得到愚钝，那就是土牛木马，形状相似而用起来不一样，不能用以行路。如果文笔好的当中有高尚的品行，那就是金表玉质，内外俱美，实在是宝贵的人材；如果好的当中本性奸伪，那就像在朽木上作画装饰，只能悦目一时，不能用它作梁椽之材。当今的选举，应当不限于门第，惟在得到贤能的人。

名医姚僧垣

姚僧垣，字法卫，吴兴郡武康（今浙江德清县）人。二十四岁，开始学习家传医术。

大将军、乐平公窦集突然患中风，精神烦乱，没有知觉。先到的医生，都说没救了。姚僧垣是后到的，诊断结束说："昏迷归昏迷，终究还是有救。可以专门祭祀，配合药物治疗。"乐平公家里人都很高兴，请来了术士。姚僧垣给他服了合汤散，没过多长时间病就痊愈了。大将军、永世公叱伏列椿久患痢疾，但他仍然不停止上朝。燕公谨有次问姚僧垣："乐平公、永世公都身患难治的疾病，依我的诊断，永世公的病较轻。"僧垣回答说："病患有深有浅，时重时轻。乐平公虽然昏迷，最后还能够保全性命。永世公的病表面上轻，但不能免死。"燕公谨又问："您说他不能免死，那会在什么时候？"僧垣说："不会超过四个月。"结果和他说的完全一样。燕公谨对其医术大为惊叹。

人物春秋

逞武扬威荡齐国——高祖武皇帝

高祖武皇帝名邕，字祢罗突，是太祖第四子。母亲是叱奴太后。大统九年（543），武皇帝生于同州，当时有神光照耀室内。武皇帝自幼懂得孝敬，聪明机敏，表现出才识和天赋。太祖常感到惊异，说：“能完成我志向的，必定是这个孩子。”十二岁时，被封为辅城郡公。孝闵帝登基后，拜为大将军，出镇同州。世宗即位，升柱国，授蒲州诸军事、蒲州刺史。武成元年（559），入都为大司空、治御正，进封鲁国公，兼任宗师。世宗对他很亲近，凡有大事，多同他商议，武皇帝性格深沉，识见宏远，不是因为世宗垂问，他始终不轻易发表意见。世宗常叹说：“此人不言，言必有中。”

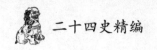

武成二年夏四月，世宗驾崩，遗诏将帝位传给高祖。高祖一再谦让，百官劝进，不得已二十一日，高祖即皇帝位，大赦天下罪犯。冬十二月，改建露门、应门。同年，齐常山王高演废去高殷而自立，这是孝昭皇帝。

保定元年（561）一月一日，下诏说：“寒来暑往，岁末将至，改元命始，国之典章。朕只承宝器，宜遵故例。可改武成三年为保定元年。嘉号既新，惠泽宜布，文武百官，各增四级。”以大冢宰、晋国公宇文护为都督中外诸军事，令五府听命于天官。三日，在圆丘祭天。五日，在方丘祭地。七日，在南郊祭祀天帝。次日，祭祀太社。十三日，突厥派使臣贡献土产。二十日，下诏道：“登基之始，朕膺天子；代朕成事，唯望臣卿。故周文公以上圣之智，辅佐周朝，乃作六典，延续七百余年。自此以后，余绪渐失，使巍巍之教化，历千年而不传；郁郁之风习，终百王而永坠。我太祖文皇帝禀纯和之气质，更仗上天所赋之杰出才智，德配上天，功侔造化，故能弃末世之弊风，步盛周之典范，百官遵制，人才荟集。所谓天地改而重构，岂但《洪范》所言之天人感应？朕承继皇位，欲扬盛美。今可布行此礼于太祖庙庭。”二十一日，祭祀太庙，颁布太祖所述六官。二十五日，吐谷浑，高昌皆派使臣贡献土产。二十六日，诏令凡经历过战争的军官，年龄六十岁以上者，以及百姓七十岁以上者，均按等级授予官职。二十七日，亲耕籍田。二十八日在正武殿举行典礼，依次赏赐百官。

二月三日，派遣使臣巡察全国。在洮阳设置洮州。十八日，在东郊祭日。十九日，突厥、宕昌皆派来使臣贡献土产。三十日，省去车辇，不观百戏。弘农郡上奏，说发现九尾狐。

三月二十日，改八丁兵为十二丁兵，每个民丁每年轮流服役一个月。

夏四月一日，出现日蚀。十五日，封少傅、吴公尉迟纲为大司空。二十二日，白兰遣使臣贡献犀甲、铁铠。

五月一日，封孝闵皇帝之子宇文康为纪国公，封皇子宇文鑑为鲁国公。晋公宇文护献上玉斗。二十三日，突厥、龟兹同时朝贡特产。

六月十一日，遣治御正殷不害等人出使陈国。

秋七月初四，下诏说："大旱已久，禾苗枯萎。难道是牢狱不治、刑罚失当所致吗？所有在押犯人：凡死罪以下，一年徒刑以上者，各降本罪一等；凡笞百鞭以下者，全部赦免。"又铸新钱，钱币的正面铸有"布泉"二字，以一当五，与五铢钱并行。五日，追封皇伯父宇文颢为邵国公，以晋公之子江陵公宇文会为其后嗣；封二伯父宇文连为杞国公，以章武孝公之子永昌公宇文亮为其后嗣；封三伯父宇文洛生为莒国公，以晋公之子崇业公宇文至为其后嗣；又追封武邑公宇文震为宋国公，以世宗之子宇文实为其后嗣：均袭领封地。二十五日，火星进入舆鬼星座，触犯其积尸星团。

九月初一，南宁州遣使者贡献滇马及蜀地铠甲。初二，翼宿星座有新星发现。

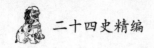

冬十月初二，出现日蚀。初六，火星侵入太微垣的上将星座，与之重合。

十一月三日，任大将军、卫国公宇文直为雍州牧。陈国遣使来访。进封柱国、广武公窦炽为邓国公。同月，齐孝昭帝驾崩，其弟长广王高湛继位，为武成帝。

同年，追封皇族祖宇文仲为虞国公。

保定二年春，正月一日，在蒲州开凿黄河水渠，在同州开凿龙首渠，以扩大灌溉面积。二十六日，以陈主之弟陈顼为柱国，送其返回江南。

闰正月十九日，诏令柱国以下，帅都督以上的官员，其母亲、妻子依次授予太夫人、夫人、郡君、县君诸衔。二十三日，金星进入昴宿星座。二十九日，柱国，大司马、凉国公贺兰祥逝世。洛州百姓周共妖言惑众，分封将相，被处以死刑。

二月二日，火星侵入太微垣上相星座。十三日，因久旱无雨，下令宽免罪人，京城三十里以内禁止饮酒。梁主萧绸驾崩。任命大将军，蔡国公宇文广为秦州总管。

三月二十五日，火星侵入太微垣的左执法星座。

夏四月六日，天旱，禁止屠宰。十九日，南阳贡献三足乌鸦。湖州上奏，声称有人看见两只白鹿跟着一只三角兽行进。二十一日，在伏流城设置和州。二十七日，下诏说：“近来因为外敌犹在，灾祸未除，九州之大，未能据其一，文武官员立功者，虽然赏赐有王侯封地，但未能有租赋之利。各位柱国功高德隆，宜有丰厚崇高的待遇，准许他们另立制度，其受封爵者之邑户听任寄食他县。”

五月一日，华山之南众多祥瑞同时出现，大赦天下囚犯，所有官员及军人，普遍晋升二级。南阳宛县为三足乌鸦聚集之地，免除今年徭役和一半租赋。二十三日，任命柱国随国公杨忠为大司空，吴国公尉迟纲为陕州总管。

六月一日，任命柱国、蜀国公尉迟迥为大司马，邵国公宇文会为蒲州总管。划出华山之南的荆州、安州、襄州、江陵为四川总管。

秋七月一日，封开府贺拔纬为霍国公。七日，金星侵入太微垣的舆鬼星座。

九月一日，日蚀现出。陈国派使臣来访。

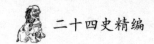

冬十月二日，下诏说：“树立元首，主宰天下，本意是要宣明教化，养育百姓；岂能只关心自己身份的尊隆华贵、地位的奢侈豪富？因此唐尧服粗葛之衣，进粗糙之食，尚且临汾阳而长叹，登姑射山而联想。何况本不具备圣人的品德而欲望过多，又怎么能满足众人之心？处于尊位，朕十分惭愧。如今大敌未平，军费开支庞大，百姓家境贫虚，谁能生活富足？凡是供奉朕之衣服饮食，以及四时所需者，均从宫内调遣，朕今日亲自削减。即使还不能立刻推行古人之道，也不能说没有一点儿相似吧？你们各级官府，怎么能不思俭省节约，助朕唯恐不及呢?”十五日，皇帝亲自在大武殿举行射礼，文武百官全都参加。二十二日，在少陵原讲习武学。从南宁州中划置恭州。

十一月一日，任命大将军卫国公宇文直、大将军赵国公宇文招为柱国。又任命宇文招为益州总管。十六日，火星在危宿星座以南侵犯木星位置。

十二月，益州贡献赤色乌鸦。

保定三年春，正月六日，改光迁国为迁州。二十日，赐太保、梁国公侯莫陈崇自尽。二十七日，在乞银城设置银州。

二月六日，颁布新的法律。七日，诏令凡是在魏大统九年(543)以前，以都督以上身份身亡，而其子孙未能以次受职者，均按等级授予官职。渭州贡献三足乌鸦。二十七日，下诏说：“天地开辟，天象明显；天、地、人三才已备，岁时节气次第彰明。所以《尚书》说帝王敬受天命，《易经》中的《序卦》制定历法，以明天时。这是先代一定的典制，百王不易的要务。伏念世祖文皇帝，敬顺上天，忧劳国事，按历法分序六家，以阴、阳二家为首。传至我这小子，未能遵循执行，为此感到不安，心存戒慎，若有危险。自朕登基以来，事情多出于仓卒，背离谐和，错乱时节，于先帝志向多有举措失当之处。以致风雨失时，疫病灾祸屡次发生，谷物无法生长，万物不得昌盛，朕为此事十分伤心。自今日起，凡举办大事，推行政令，只要不是军机急迫，都应当依照时令，以顺应上天之心。”

三月一日，出现日蚀。十二日，宕昌派使臣贡献活猛兽两只，诏令放于南山。二十一日，益州贡献三足乌鸦。

夏四月二日，任命柱国、郑国公达奚武为太保，大将军韩果为柱国。六日，帝在正武殿亲自讯视记录囚徒的罪状。十日，举行求雨之祭。二十日，有牛足生于背上。二十五日，视察太学，以太傅、燕国公于谨为三老，向他求教。下令禁止国人报仇，违犯者以杀人论处。二十九日，诏令百官及百姓上密封章奏，放言政事得失。

五月一日，由于天旱，避开常居治事之所，不接受百官朝拜。十一日，下雨。

秋七月六日，巡视原州。八日，陈国派使臣来访。十五日，巡视津门，垂问一生之事，赏赐钱帛，又赏赐老人官职不等，凡死罪皆降一等。

八月十五日，改建露寝。

九月三日，从原州登上陇山。火星侵入太微垣上将星座。二十五日，巡幸同州。二十七日，诏令柱国杨忠率骑兵一万联合突厥进攻齐国。二十八日，蒲州贡献一茎多穗的禾稻，不同田地所产谷穗相同。下令世袭州郡县者改为五等爵，袭州者封伯爵，袭郡者封子爵，袭县者封男爵。

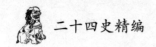

冬十月一日，火星侵犯太微垣的左执法星座。十四日，任

命开府、杞国公宇文亮为梁州总管。十九日，陈国派使臣来访。

十二月一日，从同州返回长安。派遣太保、郑国公达奚武率骑兵三万从平阳出击，以策应杨忠。同月，有人生一男孩，下阴在背后，犹如尾巴，两足指如兽爪。有犬生崽，从腰以后分为两个身子，有两条尾巴、六条腿。

保定四年春正月一日，杨忠攻破齐国长城，至晋阳而回。

二月一日，出现日蚀。五日，火星侵犯房右骖。

三月一日，火星又犯房右骖。二十二日，下令百官执笏。

夏四月四日，任命柱国、邓公窦炽为大宗伯。

五月五日，封世宗长子宇文贤为毕国公。十日，突厥派使臣贡献土产。十六日，任命大将军、安武公李穆为柱国。三十日，改礼部为司宗，改大司礼为礼部，改大司乐为乐部。

六月三日，改御伯为纳言。

秋七月二日，粟特派使者贡献土产。二十二日，焉耆派使者贡献名马。

八月一日，出现日蚀。诏令柱国杨忠率军联合突厥东征，至北河而归。二日，任命柱国、齐公宇文宪为雍州牧，许国公宇文贵为大司徒。

九月二日，任命柱国、卫国公宇文直为大司空，封开府李昞为唐国公，若干凤为徐国公。陈派使臣来访。同月，皇世母阎氏自齐国来长安，天下大赦。

闰九月四日，任命大将军韦孝宽、大将军长孙俭同为柱国。

冬十月九日，任命大将军陆通、大将军宇文盛、蔡国公宇文广同为柱国。十日，诏令大将军、大冢宰、晋国公宇文护率军讨伐齐国，武帝在太庙庭授以斧钺。于是宇文护统率大军出潼关，大将军权景宣率华山以南各路军队出豫州，少师杨𢢼出轵关。十三日，武帝至沙苑犒劳大军。十九日，武帝还宫。

十一月十日，柱国、蜀国公尉迟迥率大军进围洛阳，柱国、齐国公宇文宪驻扎军队于邙山，晋公宇文护驻扎陕州。

十二月，权景宣进攻齐国豫州，刺史王士良率领全州投降。八日，齐军渡黄河，抵达洛阳，诸军惊恐溃散。尉迟迥率部下数十骑抵抗，进而击退敌军，到夜里撤回。柱国、庸国公王雄力战阵亡。于是撤军。杨𢢼在轵关阵亡。权景宣也放弃豫州，撤军而归。

保定五年春正月一日，由于庸国公王雄为王事捐躯，取消早朝。八日，白虹遮蔽日光。十七日，下令荆州、安州、江陵等地总管俱隶属于襄州总管府，任命柱国、大司空、卫国公宇文直为襄州总管。二十一日，太白、荧惑、岁星会合于娄宿星座。二十二日，吐谷浑派使臣贡献土产。任命庸国公王雄长子开府王谦为柱国。

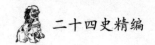

二月八日，诏令陈国公宇文纯、柱国许国公宇文贵、神武公窦毅、南安公杨荐等，赴突厥迎接可汗之女。十一日，郢州

捕获绿毛龟。十三日，任命柱国、安武公李穆为大司空，绥德公陆通为大司寇。十九日，巡视岐州。

三月六日，柱国、楚国公豆卢宁逝世。

夏四月，齐武成帝将皇位禅让给皇太子高纬，自称太上皇。

五月五日，任命皇族父宇文兴为大将军，袭领虞国公封爵。十八日，诏令左右武伯各置中大夫一人。

六月九日，彗星出现于三台，入文昌星座，侵犯上将星座，后经紫宫西垣入危宿，渐渐长达一丈有余，指向室宿、壁宿。百余日后，渐短，长二尺五寸，在虚宿、危宿区域消失。二十日，下诏说："江陵人中凡是年龄在六十五岁以上而没入官府为奴婢者，已经下令放免。无论公私奴婢，凡年龄超过七十者，均由所在官府赎为平民。"

秋七月一日，出现日蚀。十日，巡视秦州。减轻死罪以下囚徒刑罚。二十一日，派遣大使巡察全国。

八月二十六日，从秦州返长安。

九月二十六日，益州贡献三足乌鸦。

冬十月二日，改函谷关城为通洛防。

十一月二日，岐州奏称发现独角之兽。十六日，吐谷浑派使者贡献土产。二十九日，陈国派使者来访。

天和元年（566）春，正月一日，出现日蚀。三日，露寝落成，帝亲临之。令文武百官赋古诗，京都有名望的老人也都请来参加，按等级颁发赏赐。五日，大赦天下，更改年号，百官晋升四级。二十九日，在宕昌设置宕州。任命柱国、昌宁公长孙俭为陕州总管。遣《礼记》经师杜杲出使陈国。

二月一日，任命开府、中山公宇文训为蒲州总管。二十一日，诏令三公以下各级官员推举人才。二十三日，日晕，日光微弱，乌鸦出现于太阳之中。

三月二十九日，祭祀于南郊。

夏四月三日，益州贡献三足乌鸦。五日，举行求雨之祭。十八日，太阳出现交晕，被白虹遮蔽。同月，陈文帝驾崩，他的儿子伯宗继位。

五月四日，帝在正武殿集会群臣，亲自讲解《礼记》。吐谷浑龙涸王莫昌率部落向周国归附，以其地设置扶州。十八日，下诏说："道德沦丧，礼义遂兴。地位虽高而不骄奢，所处充盈而不过度，富贵才能长守，国家才能太平无事。承顺天道，四海安宁，人民祥和，敬奉鬼神，其神明如日月之光，其规律如四时之序。朕虽平庸愚昧，仍有志于远古之盛世。殷纣于甲子自焚，夏桀于乙卯被逐，所以《礼记》说：'当此忌日，不应奏乐。'自从世道丧乱，礼节仪式紊乱毁弃，这一典则模糊不清，已经衰落。此日，应当减少铺张，停止奏乐。只有这样，也许能体会到当君王不容易，当臣子也不容易。要把这一典则传给后代，不要忘记殷纣亡国的教训。"

六月一日，任命大将军、枹罕公辛威为柱国。

秋七月三日，修筑武功、郿、斜谷、武都、留谷、津坑等城，用来驻扎军队。七日，下诏说：“凡王室及贵族长子入太学，只须向教师致送酬金，不必再行置爵祭神之礼。置爵祭神之礼应放在学业完成之后，从今往后这项规定不再予以变更改变。”

八月十五日，下诏说：“凡是服丧三年，或者负土成坟，或者睡于草席而消瘦不堪，其志向行为中稍有可称扬者，令所辖官府随时上报。对此应当表示慰问勉励，以抵制浇薄的习气。”

九月一日，信州蛮族冉令贤、向五子王等反叛，诏令开府陆腾将其讨平。

冬十月十二日，太白星在白天出现，穿过天空。二十一日，创制《山云舞》，用来丰富黄帝、唐、虞、夏、殷、周等六代的音乐。

十一月十三日，巡视武功等新城。十二月十八日，返回皇宫。

天和二年春，正月一日，出现日蚀。二十七日，亲自耕作籍田。

三月二日，改武游园为道会苑。十六日，制定帝王在郊外祭祀的制度。

夏四月四日，归并东南诸州：把颍州、归州、溳州、均州划归唐州，油州划归纯州，鸿州划归淮州，洞州划归湖州，睢州划归襄州，宪州划归昌州。任命大将军、陈国公宇文纯为柱国。

五月二日，突厥、吐谷浑、安息都派使臣贡献土产。七日，晋封柱国、安武公李穆为申国公。十九日，岁星与荧惑在井宿会合。

六月十一日，尊生母叱奴氏为皇太后。二十四日，月亮进入毕宿星座。

闰六月一日，地震。九日，陈国湘州刺史华皎率部众归附，派襄州总管、卫国公宇文直率领柱国绥德公陆通、大将军四弘、权景宣、元定等人领兵支援，乘机南征。二十三日，任命大将军、谯国公宇文俭为柱国。二十八日，岁星、太白会合于柳宿。二十四日，襄州报告有五色云出现。

秋七月二日，梁州报告凤凰栖于枫树，群鸟列队侍护，多达万数。十五日，设立露门学，有学生七十二人。二十一日，太白星侵犯轩辕。二十三日，任命太傅、燕国公于谨为雍州牧。

九月，卫国公宇文直等与陈将淳于量、吴明彻战于沌口，周军失利。元定率数千步骑兵先期渡江，在江南全军覆没。

冬十月四日，日升日落时，太阳中出现一团如杯口大小的黑气。七日，又增加一团黑气。六天后才消失。

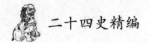

十一月一日，出现日蚀。十六日，太保、许国公宇文贵逝世。

天和三年春，正月五日，在南郊祭祀。

二月二日，驾临武功。二十二日，返回皇宫。

三月八日，皇后阿史那氏从突厥至。九日，大赦天下囚犯，所有失去官职爵位者，一律恢复旧职。十二日，在路寝盛宴招待文武百官及四方宾客，依次赏赐衣马钱帛。十九日，任命柱国、陈国公宇文纯为秦州总管，蔡国公宇文广为陕州总管。二十三日，太傅、柱国、燕国公于谨逝世。二十四日，太白星侵犯井宿北轩第一星。

夏四月十六日，任命太保、郑国公达奚武为太傅，大司马、蜀国公尉迟迥为太保，柱国、齐国公宇文宪为大司马。太白星进入舆鬼星座，触犯积尸星团。

五月十六日，祭祠太庙。二十六日，驾临醴泉宫。

六月十日，有彗星出现于井宿之东，向北运行一月之久，以舆鬼星宿才消失。

秋七月九日，柱国、隋国公杨忠逝世。二十五日，从醴泉宫返回。二十六日，有新星出现于房宿，渐渐东行入天市，侵犯营室，直到奎宿，经四十余日才消失。

八月二日，韩国公元罗逝世。齐国请求和亲，派使臣来访，诏令军司马陆逞、兵部尹公正回访。十日，帝驾临大德殿，集合百官及和尚、道士等，亲自讲解《礼记》。

九月十八日，太白与镇星于角宿会合。

冬十月一日，祭祀太庙。二十四日，太白星进入氐宿。二十五日，帝亲率六军在城南讲习武学，京师去观看的人极多，车马绵延数十里，各国使节也都在场。

十一月一日，出现日蚀。十三日，巡视岐阳。二十一日，派开府崔彦穆、小宾部元晖出使齐国。二十三日，陈国安成王陈顼废黜其主伯宗，自立为宣帝。

十二月十六日，从岐阳返回长安。同月，齐国武成帝驾崩。

天和四年春，正月一日，因为齐国武成帝驾崩，停止早期。派遣司会、河阳公李纶等人到齐国参加葬礼，并赠送财物，以示吊唁。

二月三日，任命柱国、昌宁公长孙俭为夏州总管。八日，帝亲临大德殿，集合百官、道士、和尚等讨论佛教、道家的教义。岁星反向而行，遮掩太微垣的上将星座。十日，有一颗斗大流星，出于左摄提星，两移至银河，消失后，有雷鸣之声。

夏四月十日，齐国派使臣来访。

五月一日，帝制成《象经》，集合百官讲解。封魏国广平公之子元谦为韩国公，以承继魏国后嗣。二十二日，驾临醴泉宫。二十九日，柱国、吴国公尉迟纲逝世。

六月，修筑原州和泾州东城。

秋七月二十四日，从醴泉宫返回。三十日，突厥派使臣贡献马匹。

八月二十三日，强盗杀害孔城防主，并该地于齐国。

九月四日，派遣柱国、齐国公宇文宪率领部众在宜阳修筑崇德等城。

冬十一月二十五日，柱国、昌宁公长孙俭逝世。

十二月二十七日，取消陇州。

天和五年春，二月十五日，邵惠公宇文颢之孙宇文胄从齐国归来。改邵国公宇文会为谭国公，封宇文胄为邵国公。

三月七日，进封柱国韦孝宽为郧国公。二十日，命令宿卫官凡住在函谷关或潼关以东者，须将全家迁入京师，不从者，解除其宿卫官职务。

夏四月一日，任命柱国宇文盛为大宗伯。驾临醴泉宫。取消帅都督官。十三日，派遣使臣巡视全国。任命陈国公宇文纯为陕州总管。

六月十日，封开府梁睿为蒋国公。十八日，由于皇女诞生，下令宽免罪人，并免去欠租和预支。

七月，盐州贡献白兔。四日，从醴泉宫返回。三十日，任命柱国、谯国公宇文俭为益州总管。

九月二十九日，太白、岁星会合于亢宿。

冬十月一日，出现日蚀。六日，太白、镇星会合于氐宿。

十七日，太傅、郑国公达奚武逝世。

十一月十六日，追封章武孝公宇文导为豳国公，以蔡国并入豳国。十八日，柱国、豳国公宇文广逝世。

十二月十四日，大将军郑恪率军讨平越巂，设置西宁州。

当年冬天，齐将斛律明月侵犯边界，在汾水北岸，从华谷至龙门修筑新城。天和六年春，正月一日，因露门尚未建成，取消早朝。诏令柱国、齐国公宇文宪率军抵御斛律明月。十九日，封大将军张掖公王杰、谭国公宇文会、雁门公田弘、魏国公李晖等人为柱国。

二月十一日夜，天空出现宽约三尺的青黑色云气，从戌时直到辰时。

三月一日，齐国公宇文宪从龙门渡过黄河，斛律明月退守华谷，宇文宪攻克其新筑的五座城池。

夏四月一日，出现日蚀。二日，荧惑侵犯舆鬼星座。十四日，信州蛮族首领冉祖喜、冉龙骧起兵反叛，派大将军赵誾将其讨平。十七日，任命柱国、燕国公于皑为凉州总管。大将军，杞国公宇文亮为秦州总管。二十三日，任命大将军、荥阳公司马消难为柱国。陈国公宇文纯，雁门公田弘率军攻占齐国宜阳等九座城池。任命大将军武安公侯莫陈琼、太安公阎庆、神武公窦毅、南阳公叱罗协、平高公侯伏侯龙恩等人为柱国。封开府斛斯征为岐国公，封右宫伯长孙览为薛国公。

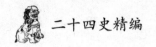

五月十六日，派纳言郑诩出使陈国。十九日，任命大将军唐国公李椬、中山公宇文训、杞国公宇文亮、上庸公陆腾、安义公宇文丘、北平公寇绍、许国公宇文善、犍为公高琳、郑国公达奚震、陇东公杨纂、常山公于翼等人为柱国。

六月十九日，任命大将军、太原公王柬为柱国。同月，齐国将领段孝先攻陷汾州。

秋七月二十九日，任命大将军、赵国公宇文盛为柱国。

八月八日，镇星、岁星、太白会合于氐宿。

九月十五日，月亮在娄宿，出现日全蚀，阳光消失。二十八日，削减宫廷旁舍的四夷乐队和后宫的罗绮工人，共五百余人。

冬十月八日，冀国公宇文通逝世。二十一日，派右武伯谷会琨、御正蔡斌出使齐国。二十八日，帝亲自率领六军在城南讲解武学。

十一月八日，任命大将军侯莫陈芮、大将军李意为柱国。十二日，齐国派使者来访。十三日，巡视散关。十二月六日，返回皇宫。

当年冬天，牛瘟流行，有十之六七死去。

建德元年（572）春，正月十六日，帝驾临玄都观，亲登法座讲说，公卿道俗等人辩论驳难，事情结束后回宫。下令凡死囚及流放犯人均减罪一等，赦免五年徒刑以下者。

二月一日，派大将军、昌城公宇文深出使突厥，司宗李际、小宾部贺遂礼出使齐国。十三日，柱国、安义公宇文丘逝世。

三月一日，出现日蚀。十四日，处死大冢宰晋国公宇文护、以及宇文护之子柱国谭国公宇文会、宇文会之弟大将军莒国公宇文至、崇业公宇文静，并处死柱国侯伏侯龙恩、龙恩之弟大将军万寿、大将军刘勇等人。大赦天下囚犯，改年号为建德。二十一日，任命太傅、蜀国公尉迟迥为太师，柱国、邓国公窦炽为太傅，大司空、申国公李穆为太保，齐国公宇文宪为大冢宰，卫国公宇文直为大司徒，赵国公宇文招为大司空，柱国、續罕公辛威为大司寇，绥德公陆通为大司马。下诏说："如果百姓过于劳累，星象会出现异常；作事不依时令，会出现石人之言。所以要使政事平静，首先要作到不骚扰百姓；要使政治安定，首先要停止徭役。过去大兴土木，没有节制，征发百姓，无休无止，加上年年兴兵打仗，农田荒废。去年秋天蝗灾，收成不好，有的百姓逃亡，家中亦无女子。朕每天严肃约束自己，常怀戒慎之心。从现在起，除了法令规定的赋役之外，不许妄自征发。这样做，也许可以达到国家昌盛，人民富足，符合朕的意愿。"

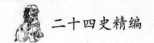

夏四月二日，任命代国公宇文达，滕国公宇文逌为柱国。诏令荆州、安州、江陵等地总管不再隶属于襄州。七日，任命柱国张掖公王杰为泾州总管，魏国公李晖为梁州总管。诏令公卿以下官员各自举荐人才。派工部代公宇文达、小礼部辛彦之出使齐国。十四日，诏令百官军民上密封章奏，可放言指陈政事得失。十五日，下诏取消全国各地的特别贡献。十八日，追尊略阳公为孝闵皇帝。二十一日，立鲁国公宇文鑑为皇太子。大赦天下囚犯，百官各加封号或晋级。

五月，封卫国公宇文直长子宇文宾为莒国公，承继莒庄公洛生后嗣。二十一日，因为大旱，帝在朝庭召集百官，对他们颁布诏令道："正当农忙之际，大旱不雨，节序失调，大概还不仅如此。难道是因为朕德望不高，赏罚不公吗？所用文武大臣不当吗？各位应尽情直言，不得有所隐瞒。"公卿各自引咎自责。当夜有雨降下。

六月二十九日，另选派宿卫官员。

秋七月一日，陈国派使臣来访。五日，辰星、太白会合于东井。八日，月亮侵入心宿中星。

九月一日，出现日蚀。二十一日，扶风贡献挖地所得玉杯。

冬十月一日，诏令江陵所获俘虏凡没入官府服役者，全部赦免为平民。二日，派小匠师杨勰、齐驭、唐则出使陈国。柱国、大司马、绥德公陆通逝世。

十一月八日，帝亲率六军在城南讲解武学。十二日，驾临羌桥，召集京城以东各军的都督以上官员，按等级颁发赏赐。十七日，返回皇宫。二十四日，任命大司空、赵国公宇文招为大司马。乙未日，月亮侵入心宿中星。

十二月四日，巡视斜谷，召集京城以西地区各军的都督以上官员，按等级颁发赏赐。十八日，返回皇宫。二十一日，帝驾临正武殿，亲自讯视记录囚徒的罪状，到夜里才结束。二十二日，驾临道会苑，由于上善殿过于华丽，下令将其焚毁。

建德二年春，正月四日，在南郊祭祀。八日，任命柱国、雁门公田弘为大司空，任命大将军、徐国公若干凤为柱国。十三日，重新设置帅都督官。十八日，祭祀太庙。

闰正月二日，陈国派使臣来访。

二月十五日，白虹遮蔽太阳。十八日，诏令皇太子宇文赟巡视慰问西部。二十三日，派司会侯莫陈凯、太子宫尹郑译出使齐国。荧惑侵犯舆鬼星座，进入积尸星团。撤消雍州所属八个郡，分别并入京兆、冯翊、扶风、咸阳等郡。

三月十三日，皇太子贡献在岐州猎获的两只白鹿。下诏答道："治理天下，在于德政，而不在于祥瑞。"二十七日，裁减六府诸司中大夫以下官员，府设置四司，以下大夫为官长，上士任副职。

夏四月四日，祭祀太庙。二十四日，增加改派东宫官员。

五月二日，荧惑侵犯右执法星座。十二日，任命柱国周昌公侯莫陈琼为大宗伯，荥阳公司马消难为大司寇，上庸公陆腾为大司空。

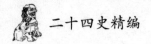

六月六日，裁减六府员外诸官，都改为丞。十日，月亮侵犯心宿中星。十八日，皇孙宇文衍诞生，文武官员普遍晋升一级。选拔诸军将帅。二十二日，帝亲临露寝，召集诸军将领，以武事相勉励。二十六日，诏令在各军旌旗上都绘制猛兽、猛禽的图象。

秋七月五日，祭祀太庙。从春末直到七月不曾下雨。八日，在大德殿召集百官，帝自陈过失，垂询政事得失。二十四日，下雨。

八月十二日，改三夫人为三妃。关内蝗灾严重。

九月二日，陈国派使臣来访。十日，太白侵犯右执法星座。十五日，任命柱国、郑国公达奚震为金州总管。下诏说："为政在于节约，守礼唯有俭省。可是近来婚嫁竞为奢华，往往耗尽资财，远远背离了典则先训。官府应当加以制止，使百姓都能够遵守礼制。"十九日，皇太子纳杨氏为妃。冬十月十日，齐国派臣来访。二十一日，制成六代乐，帝驾临崇信殿，召集百官观看表演。

十一月十九日，帝亲自率领六军在城东讲习军事。二十二日，帝召集各军都督以上官员五十人，在道会苑举行射礼，帝亲临射宫，军容整盛。

十二月一日，召集群臣以及和尚、道士等人，帝居上座，辩论三教次序先后，以儒教为先，道教为次，佛教为后。任命大将军、乐川公赫连达为柱国。二十六日，在正武殿听理诉讼，从天明直到入夜，燃烛继续办公。

建德三年春，正月一日，在露门接受群臣朝拜。册封柱国齐国公宇文宪、卫国公宇文直、赵国公宇文招、谯国公宇文俭、陈国公宇文纯、越国公宇文盛、代国公宇文达、滕国公宇文道續等人进爵为王。八日，祭祀太庙。九日，突厥派使臣贡献马匹。十二日，下诏说："从今以后凡是男子年龄在十五岁以上，女子年龄在十三岁以上，以及鳏夫寡妇，军民百姓，均应按时嫁娶，务事节俭，不可因为财物聘礼的原因而拖延。"十七日，亲自耕种籍田。十八日，开始穿短衣，宴请二十四军督将以下军官，以军中之法行酒，尽情酣饮。下诏说：由于去年歉收，不少百姓口粮无继，无论官府私人，还是寺院道观和一般民众，凡有贮积粮食者，陈准许留足口粮外，其余的全部出售。

二月一日，出现日蚀。六日，纪国公宇文康、毕国公宇文贤、酆国公宇文贞、宋国公宇文实、汉国公宇文赞、秦国公宇文贽、曹国公宇文允等人均进爵为王。十五日，令六府各自举荐贤良正直之士。二十二日，柱国、许国公宇文善触犯刑律，赦免。二十四日，驾临云阳宫。二十七日，皇太后患病。

三月一日，从云阳宫返回。十三日，皇太后逝世。帝住在草庐之中，每天只进食一溢米。群臣上表伏望皇帝保重，帝于十多天后才恢复正常生活。诏令皇太子宇文繼总理政事。

夏四月二十五日，齐国派使臣参加皇太后葬礼，并赠致财物，以示吊唁。二十七日，有彗星出现在紫宫垣的东北部，长七尺。

五月一日，在永固陵安葬文宣皇后，帝袒露左臂，赤脚到陵园。二日，下诏说："三年守丧之制，天子也不能例外，这是古今不变的准则，而为帝王所常行。"于是遂申明守丧三年之制，凡五服之内的人，也令其依礼制行事。开始设置太子谏议员四人，文学十人；皇弟、皇子友员各二人，学士六人。八日，荆州贡献白色乌鸦。九日，诏令对已死的晋国公宇文护及其诸子恢复生前封爵，并将他们改葬，追加谥号。十七日，禁止佛、道二教，毁掉全部经、像，取消和尚、道士，令其还俗。并禁止各种不合礼制的祭祀，凡礼典所不载者，全部予以废除。

六月十八日，召集诸军将领，教授作战布阵之法。二十三日，铸造五行大布钱，以一当十，与布泉钱同时流通。

秋七月二日，驾临云阳宫。二十七日，卫王宇文直在京师举兵反叛，想攻入肃章门。司武尉迟运等坚守。宇文直兵败，率百余骑逃走。京师原已连续下雨一个月，当日雨止。三十日，帝从云阳宫返回。

八月三日，在荆州活捉宇文直，罢免一切职位，降为平民。七日，诏令凡在建德元年八月以前犯法而未被推究，但于以后败露而失去官职爵位者，可准其恢复官爵。八日，驾临云阳宫。

九月三日，巡视同州。十一日，任命柱国、大宗伯、周昌公侯莫陈琼为秦州总管。

冬十月九日，御正杨尚希、礼部卢恺出使陈国。十一日，雍州贡献苍乌。十三日，诏令蒲州饥民向郿城以西及荆州辖区找饭吃。二十七日，巡视蒲州。二十八日，因特殊情况而赦免蒲州死刑以下的囚犯。二十九日，巡视同州。始州民王鞅聚众造反，被大将军郑恪讨平。

十一月一日，任命柱国、大司空、上庸公陆腾为泾州总管。于阗派使臣贡献名马。十二日，在城东对军队进行大检阅。十七日，从同州返回。

十二月二日，接见大批卫官及军人，按等级赏赐钱帛。五日，月亮遮蔽太白星。诏令荆、襄、安、延、夏五州总管，凡其辖区内有能募民参军者，视成绩授以官职。其中的贫困人家，给予免除三年赋税劳役的优待。十一日，改诸军军士为侍官。十二日，利州报告发现驺虞。十八日，在临皋泽集合各军讲解军事。凉州连年地震，城郭毁坏，地面裂开，泉水涌出。

建德四年（575）春，正月十二日，任命柱国、枹罕王辛威为宁州总管，任命太原公王康为襄州总管。设置营军器监。十七日，巡视同州。

二月一日，出现日蚀。六日，改派宿卫官员。十二日，柱国、广德公李意触犯法律，赦免。

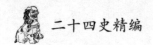

三月一日，派小司寇淮南公元伟、纳言伊娄谦出使齐国。郡县各裁减主簿一人。十一日，从同州返回。十九日，任命柱国、赵王宇文招为雍州牧。

夏四月十日，柱国、燕国公于皑犯法，赦免。十三日，令上书者同时上表，对皇太子以下称启。

六月，诏令东南道四州总管辖区之内，凡是去年以来新归附之户，可以免除赋税劳役三年。

秋七月三日，驾临云阳宫。六日，禁止五行大布钱出入潼关，布泉钱听任其入而禁出。十四日，从云阳宫返回。二十一日，陈国派使臣来访。

二十三日，在大德殿召集大将军以上官员，皇帝说："太祖皇帝受天之命，神威英武，开创帝业，凡军威所向，皆不战而胜，只有伪齐尚怀野心。虽然屡次征讨，而大功未成。朕以愚昧，继承帝业，过去由于大权旁落，无法举措。自从朕亲理万机，便谋划东征。节衣缩食，修整军备，数年以来，已大体作好征战准备。伪主昏庸暴虐，一意孤行，伐除残暴，正是时机。现在打算出兵数路，水陆并进，北守太行山路，东扼黎阳险关。倘若攻克河阴，则兖、豫两地可不战而下。然后养精蓄锐，待敌军来犯。只要抓住一次战机，则必能战而胜之。各位以为怎么样？"群臣都说好。二十四日，下诏伐齐。任命柱国陈王宇文纯为前一军总管，荥阳公司马消难为前二军总管，郑国公达奚震为前三军总管，越王宇文盛为后一军总管，周昌公侯莫陈琼为后二军总管，赵王宇文招为后三军总管，齐王宇文宪率军二万进发黎阳，随国公杨坚、广宁侯薛回率水军三万由渭水入黄河，柱国梁国公侯莫陈芮率军一万扼守太行之道，申国公李穆率军三万扼守河阳之道，常山公于翼率军二万由陈、汝出发。二十九日，帝亲率前后六军共六万人，直指河阴。

八月二十一日，大军进入齐国境内。禁止砍伐树木，践踏庄稼，违犯者以军法从事。二十五日，帝亲率诸军进攻河阴大城，将其占领。又进攻子城，未能攻下。帝患病。

九月九日夜，全军撤回，水军将船只焚毁后退却。齐王宇文宪以及于翼、李穆等部取得胜利，攻占三十余座城池，都是齐军放弃不守的。只有王药城为战略要地，令仪同三司韩正把守。韩正随即以此城投降齐国。二十六日，东征大军返回。二十七日，任命华州刺史、毕王宇文贤为荆州总管。

冬十月七日，设置上柱国、上大将军官职。改开府仪同三司为开府仪同大将军，改仪同三司为仪同大将军，又设置上开府，上仪同官职。十三日，巡视同州。

闰十月，齐将尉迟贵侵犯大宁，被延州总管王庆击退。任命柱国齐王宇文宪、蜀国公尉迟迥为上柱国，任命柱国代王宇文达为益州总管，任命大司寇荥阳公司马消难为梁州总管。诏令京师所辖各郡举荐有德行的人。

十一月十九日，改派司内官员。

十二月一日，出现日蚀。二十日，从同州返回。二十六日，陈国派使者来访。

同年，岐州、宁州饥荒，开仓赈济灾民。

建德五年春，正月四日，巡视同州。十二日，巡视黄河以东的涑川，集合关中、河东诸军圈围野兽以猎取。十五日，返回同州。十八日，下诏说："可分派使臣，视察各地，检查诉讼案件，采听民谣，询问民间疾苦。凡有牢狱失治，鱼肉百姓者，可根据事实推究取证，分条纪录上报。倘若政绩显著，治理有方者，或者是品行高洁的隐居之士，也应予以查验，将其名字上奏。"废除布泉钱。二十九日，下令凡私铸钱者处绞刑，从犯流放到远处为民。

二月十二日，派皇太子宇文赟巡视西部国土，继续讨伐吐谷浑，由皇太子总理军事，可见机决断。

三月二十一日，月亮侵犯东井第一星。二十三日，由同州返回，为文宣皇后服二年之丧。十九日，为文宣皇后举行两周年祭礼。

夏四月七日，驾临同州。开府、清河公宇文神举攻占齐国陆浑等五座城池。

五月十四日，从同州返回。

六月一日，出现日蚀。四日，祭祀太庙。九日，利州总管、纪王宇文康有罪，赐其自尽。十日，驾临云阳宫。月亮遮蔽心宿后星。二十三日，荧惑进入舆鬼星座。

秋七月六日，京师出现旱情。

八月二日，皇太子征讨吐谷浑，至伏俟城而归。九日，从云阳宫返回。十九日，陈国派使臣来访。

九月一日，在正武殿举行盛大祭祀，为东征祈祷。

冬十月，帝对群臣说："朕去年患了疹疾，以致不能讨平残敌。当初进入敌人境内，充分察知敌情，看他们行军作战如同儿戏。又听说他们朝政昏乱，群小把持大权，百姓喧扰，情况危急。这是上天赐予的机会，如果我们不予以行动，恐怕以后要感到后悔。倘若再同往年那样，出兵黄河以外，也只能击其后背，而不能扼住敌人的咽喉。不过，晋州本是高欢起家之处，地位重要，如今我们前去攻打，对方必然前来增援，我军严阵以待，战则必胜。然后乘破竹之势，一路东进，足可以荡平贼窟，将其地收入版图。"诸将多不愿意出兵。帝又说："事物变化的征兆不可失去啊！如果有人阻挠我的军事行动，朕当以军法制裁。"

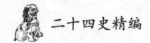

四日，帝率军东征。任命越王宇文盛为右一军总管，杞国公宇文亮为右二军总管、随国公杨坚为右三军总管，谯王宇文俭为左一军总管，大将军窦恭为左二军总管，广化公丘崇为左三军总管，齐王宇文宪、陈王宇文纯为前军。五日，荧惑侵犯太微垣上将星座。十三日，岁星侵犯太陵。十八日，帝至晋州，派齐王宇文宪率领精锐骑兵二万人把守雀鼠谷，陈王宇文纯率领步兵、骑兵共二万人把守千里径，郑国公达奚震率领步兵骑兵一万人守统军川，大将军韩明率步骑兵五千人守齐子岭，乌氏公尹升率步骑兵五千人守鼓钟镇，凉城公辛韶率步骑兵五千人守蒲津关，柱国、赵王宇文招率步骑兵一万人从华谷进攻齐国汾州诸城，柱国宇文盛率步骑兵一万人守汾水关。派内史王谊监督六军，进攻晋州城。帝屯兵于汾水河湾。齐王宇文宪进攻洪洞、永安二城，一举占领。当夜，一道长虹出现在晋州城上空，虹首向南，虹尾进入紫微宫，长达十余丈。帝每天从汾水河湾赴城下，亲自督战，城内人心惶惶。二十五日，齐国行台左丞侯子钦出城投降。二十七日，齐国晋州刺史崔景颢把守城北，夜里悄悄派人表示归附，上开府王轨率军响应。天色未明，城上击鼓呼叫，齐军溃散，于是收取晋州，活捉晋州城主特进、开府、海昌王尉相贵，俘虏带甲将士八千人，遣送关中。二十九日，任命上开府梁士彦为晋州刺史，加授大将军，留精兵一万镇守。又派各路兵马攻占齐国其他城镇，并先后降服。

十一月四日，齐主从并州率军来援。帝认为齐军刚刚集结，应暂时避其锋芒，于是诏令各军撤回，派齐王宇文宪担任后卫。当日，齐主抵达晋州，宇文宪不同他接战，率军渡汾。于是齐主包围晋州，昼夜进攻。齐王宇文宪将各军屯集在涑水，声援晋州。河东发生地震。十八日，帝从东征前线返回。在太庙献俘。十九日，下诏说："伪齐背弃信约，恶贯满盈，朕因此亲率六军，东征问罪。兵威所及，攻无不克，贼众惶惶，无暇自保。等到我军班师回朝，伪齐竟又纠集贼众，游弋边境，蠢蠢欲动。朕今日再次率领各军出征，抓住机会，务必全歼。"二十一日，放回齐国各城镇投降的士兵。二十二日，帝从京师出发。二十七日，帝渡过黄河，与各军会合。

十二月四日，在晋州扎营。当初齐国进攻晋州时，担心帝师突然袭击，在城南挖了一条大沟，从乔山延伸到汾水。六日，帝统率各军共八万人，摆开阵势，东西绵延二十余里。帝乘着平日之骑，带领随从数人巡视阵地，所到之处都呼唤主帅姓名，表示慰问勉励。将士们深感知遇之恩，人人精神振奋，思有作为。将要开战，随从官员请皇帝换马，帝答道："我独个儿骑着良马到哪里去?"齐主也在沟北列开阵势。申时后，齐军填平大沟，向南移动。帝大喜，指挥各军进攻，齐军撤退。齐主与部下数十骑逃回并州。齐军完全溃败，几百里内，到处是丢弃的辎重、盔甲和兵器，堆积如山。

七日，帝驾临晋州，仍然率领各军追击齐主。诸将坚持请求撤军，帝说："放走敌人，就是留下隐患。你们如果不相信，我就独自去追。"诸将不敢再说。十一日，齐主派丞相高阿那肱把守高壁。帝率军一路前进，高阿那肱看见势头不好，便率军撤退，随即溃散。十三日，大军驻扎介休，齐国将领韩建业举城投降，被任命为上柱国，封郇国公。十四日，大军扎营并州，齐主留其从兄安德王高延宗把守并州，自己率领轻装骑兵逃向邺城。当天，向齐国王公以下官员下诏，敦促他们放弃抵抗，立即投降。从此齐国将帅接连投降。封其特进、开府贺拔伏恩为郜国公，其余降将也授予不同官爵。

十五日，高延宗承继伪位，号为德昌。十六日，大军屯集并州。十七日，高延宗率兵四万抵抗，帝率各军接战，齐军退却，帝乘胜追击，率千余骑兵闯入东门，诏令诸军绕城布阵。到夜里，高延宗率军排好阵势，步步进逼，城中军队被迫退却，互相践踏，被高延宗打得大败，几乎全部死伤。齐军想关闭城门，因为门下积尸太多，城门难以关上。帝随从数骑，历尽艰险，得以冲出城门。天明时分，率诸军再战，大破齐军，活捉高延宗，并州自此平定。

二十三日，将齐宫中的金银财宝及宫女二千人赏赐将士。任命柱国赵王宇文招、陈王宇文纯、赵王宇文盛、杞国公宇文亮、梁国公侯莫陈芮，庸国公王谦、北平公寇绍、郑国公达奚震等人为上柱国。封齐王宇文宪之子、安城郡公宇文质为河间王，大将军广化公丘崇为潞国公，神水公姬愿为原国公，广业公尉迟运为卢国公。其他有功之人，也都授予不同官爵。三十日，帝率六军开赴邺城。任命上柱国、陈王宇文纯为并州总管。

建德六年春，正月一日，齐王传位给太子高恒，改年号为承光，自称太上皇。十八日，帝到达邺城外。齐王事先在城外挖掘濠沟，竖起栅栏。十九日，帝率各军将该城包围，齐军抵抗，各军奋起攻击，齐军大败，于是平定邺城。齐主事先将其母亲妻儿送到青州，在邺城陷落时，率数十骑败走青州。帝派大将军尉迟勤率二千骑兵追击。这一仗活捉了齐国齐昌王莫多娄敬显。帝叱责他道："你有三条死罪：当初你从并州逃到邺城时，只带小妾，不要老母，这是不孝；你表面上为伪主效力，暗中却向朕通报消息，这是不忠；你表示归降之后，仍然脚踏两只船，这是不信。像你这样的用心，不死还等待什么?"于是下令将其斩首。当天，西方天空有雷鸣般的巨响。

二十日，帝进入邺城。齐国任城王高湝本来就在冀州，齐主抵达黄河以后，派侍中斛律孝卿将传国之玺送去，让位给高湝。斛律孝卿还没到达冀州，在中途被捉，押送邺城。诏令凡去年大赦时疏漏之人，均依照赦免之例执行。封齐国开府、洛州刺史独孤永业为应国公。二十二日，任命上柱国、越王宇文盛为相州总管。二十五日，下诏说："从晋州大战到平定邺城，凡阵亡者，即将其本来官职授予他们的儿子。"尉迟勤在青州活捉齐主及其太子高恒。

二十六日，下诏说："伪齐国已故右丞相、咸阳王斛律明月和已故侍中、特进、开府崔季舒等七人宜追赠谥号，妥善安葬。他们的现存子孙，均根据其先世功劳给予相应待遇。凡家人田宅没收入官者，一律发还。”

二十七日，下诏说：“伪齐所建之东山、南园、三台可一并拆毁。将其能用的砖瓦木料赏赐百姓。山园所占之田还归本主。”

二月三日，议定各军战功，在齐国太和殿摆设酒宴，会宴军士以上武职，按等级颁给不同赏赐。四日，齐主到，帝亲自走下台阶迎接，按宾主之礼相见。高㬎在冀州还拥有军队，不肯归附，派上柱国、齐王宇文宪和柱国、隋公杨坚率军将其讨平。齐国定州刺史、范阳王高绍义叛变，归附突厥。齐国各行台、州、镇全部投降，潼关以东平定。得齐国五十五州，一百六十二郡，三百八十五县，三百三十万二千五百二十八户，二千万六千八百八十六口。于是在河阳、幽、青、南兖、豫、徐、北朔、定等地同时设置总管府，相州、并州二总管各设置宫室和六府官。

十日，下诏说：“凡是从伪武平三年（572）以来，黄河以南各州被劫掠为奴婢者，不论官奴婢或私奴婢，一律放免为民。有住在淮河以南的，听任其返回，愿住在淮河以北的，予以安置。对于其中的残疾老弱、无法生活者，各级地方官员要亲自检查验明，并供给衣食，务必使之得以存活。”

十二日，帝从邺城返回京师。十三日，任命柱国、隋公杨坚为定州总管。

三月九日，诏令太行山以东诸郡，各郡举荐两名通晓经书、干练能办事的人。倘若有奇才异术，出类拔萃者，则不拘多少。

夏四月三日，从东征前线返回。让齐主站在前面，齐国诸王公随之，把缴获的车舆、旗帜及各种器物依次陈列在他们后面。帝部署六军，奏凯乐，向太庙献俘。京城观礼者都高呼万岁。六日，封齐主为温国公。八日，帝在露寝会宴郡臣及诸外邦客人。十三日，撤消蒲、陕、泾、宁四州总管。二十七日，祭祀太庙。

五月五日，任命柱国、谯王宇文俭为大冢宰。八日，任命上柱国、杞国公宇文亮为大司徒，郑国公达奚震为大宗伯，梁国公侯莫陈芮为大司马，柱国、应国公独孤永业为大司寇，郧国公韦孝宽为大司空。九日，帝在正武殿举行祭祀，以报告功业。十七日，祭祀地神。二十一日，驾临云阳宫。二十八日，陈国派使者来访。当月，青城门无故崩坍。

六月六日，从云阳宫返回。十日，帝在正武殿亲自查讯纪录囚犯的罪状。二十二日，在河州鸡鸣防设置旭州，在甘松防设置芳州，在广川防设置弘州。二十三日，帝东行巡视。二十六日，下诏说："禁止娶与母同姓者为妻妾。"

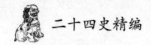

秋七月八日，封齐王宇文宪第四子广都公宇文负为莒国公，承继莒庄公洛生后嗣。十二日，应州贡献灵芝草。十五

日，驾临洛州。十八日，诏令太行山以东各州举荐人才，上县举荐六人，中县举荐五人，下县举荐四人，均赴皇帝所在之处，共同讨论政事得失。二十七日，任命上柱国、庸公王谦为益州总管。

八月一日，议定度量衡制，颁布天下。凡不依新制者，一律追究。诏令凡因前代犯罪而没为官奴婢者，一律恢复平民身份。二十二日，郑州贡献九尾狐，皮肉已销腐净尽，只余骨架。帝说："祥端之物出现，一定象征着德政。倘若屡建功勋，四海和平，家家懂得孝敬慈和，人人知道礼义谦让，才能如此。如今并非，只恐这九尾狐也不是真的。"于是令人将其焚去。

九月二日，任命柱国、邓国公窦炽和中国公李穆为上柱国。八日，下令凡平民以上，其衣料为绸、绵绸、丝布、圆绫、纱、绢、绡、葛、布等九种，不得穿用其他衣料。朝会及祭祀时的衣服可不拘泥于此例。十四日，绛州贡献白雀。二十二日，诏令东部诸州儒生，凡通晓一种以上经书的，可一块举荐，州郡应按照礼仪将他们送来。癸卯日，封上大将军、上黄公王轨为郯国公。

冬十月七日，驾临邺宫，十七日，将德皇帝改葬在冀州。帝穿着细麻布做成的丧服，在太极殿哭祭，百官穿白色衣服哭祭。当月，处死温国公高纬。

十一月一日，百济派使臣贡献土产。三日，封皇子宇文充为道王，宇文总为蔡王。四日，陈将吴明彻侵犯吕梁，徐州总管梁士彦率军接战失利，退守徐州。派上大将军、郯国公王轨领军讨伐。当月，稽胡反叛，派齐王宇文宪率军将其平定。

诏令从永熙三年（534）七月以来，至去年十月以前，凡东部百姓被劫掠在境内为奴婢者；以及平定江陵之后，平民而沦为奴婢者：应当一律放还为平民。他们的所在地户籍，同平民士兵一样，如果旧主人还必须同他们生活在一起，可听任他们留为家仆和婢女。

三十日，出现日蚀。

颁布《刑书要制》。凡持杖群盗赃在一匹以上，监临自盗赃在二十匹以上，小盗及诈骗官物赃在三十匹以上，正、长隐瞒五户及十丁以上、隐瞒田地三顷以上者，皆可处死。《刑书》所未载者，仍依照律科量刑。

十二月十九日，吐谷浑派使臣贡献土产。二十日，东寿阳人反叛，率领五千人袭击并州城，刺史、东平公宇文神举将其荡平。二十一日，驾临并州宫。迁徙并州军民四万户到函谷关以西。二十七日，任命柱国、滕王宇文逌为河阳总管。二十八日，任命柱国、随国公杨坚为南兖州总管，上柱国、申国公李穆为并州总管。二十九日，撤消并州宫及六府。当月，北营州刺史高宝宁反叛。

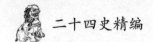

宣政元年（578）春，正月五日，吐谷浑伪赵王他娄屯前

来归降。十四日，驾临邺宫。从相州划出广平郡设置洺州，划出清河郡设置贝州，划出黎阳郡设置黎州，划出汲郡设置卫州；从定州划出常山郡设置恒州；从并州划出上党郡设置潞州。二十三日，巡幸怀州。二十五年，驾临洛州。下诏在怀州设置行宫。

二月六日，柱国，大冢宰宇文俭去世。十九日，帝东巡返回。二十七日，任命上柱国、越王宇文盛为大冢宰，陈王宇文纯为雍州牧。

三月一日，在蒲州设置行宫。撤去同州、长春二宫。五日，突厥派使臣贡献土产。七日，开始戴平常的冠，冠用黑纱制成，加簪，没有系冠的丝带和束发的笄，样子像如今的折角巾。上大将军、郯国公王轨在吕梁击败陈军，活捉陈将吴明彻等，俘虏斩杀三万余人。十一日，下诏说："已故柱国豆卢宁征伐长江以南武陵、南平等郡时，所有平民没为奴婢者，一律依江陵之例恢复其平民身份。"十六日，改年号为宣政。

夏四月十五日，下令凡父母去世者，可服满三年丧期。二十三日，突厥侵入幽州，杀掠官吏百姓。商议派军讨伐。

五月二十三日，帝率军北伐。派柱国原公姬愿、东平公宇文神举等人率军，五路俱发。征派关中公私驴马，全部从军。二十七日，帝患病，到云阳宫后停止前进。三十日，下诏停止一切军事行动。

六月一日，帝病重，返回京师。当夜，在所乘车辇中驾崩，享年三十六岁。遗诏令王公大臣辅导太子，丧礼从俭，不起高坟。逢吉日及时下葬，妃嫔以下未生子者，一律放其回家。

谥号为武皇帝，庙号为高祖。二十三日，在孝陵安葬。

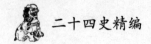